世纪波
Century Wave

引爆私域流量

破解数字经济时代的商业密码

许远东 付恩伟 著

電子工業出版社
Publishing House of Electronics Industry
北京 · BEIJING

图书在版编目（CIP）数据

引爆私域流量：破解数字经济时代的商业密码 / 许远东，付恩伟著 .—北京：电子工业出版社，2020.6
ISBN 978-7-121-39013-5

Ⅰ.①引… Ⅱ.①许… ②付… Ⅲ.①电子商务－经营管理 Ⅳ.① F713.365.1

中国版本图书馆 CIP 数据核字 (2020) 第 081458 号

责任编辑：杨振英
印　　刷：天津千鹤文化传播有限公司
装　　订：天津千鹤文化传播有限公司
出版发行：电子工业出版社
　　　　　北京市海淀区万寿路173信箱　　邮编100036
开　　本：720×1000　1/16　　印张：15.75　　字数：210千字
版　　次：2020年6月第1版
印　　次：2020年6月第1次印刷
定　　价：69.00元
凡所购买电子工业出版社图书有缺损问题，请向购买书店调换。若书店售缺，请与本社发行部联系，联系及邮购电话：(010) 88254888，88258888。
质量投诉请发邮件至zlts@phei.com.cn，盗版侵权举报请发邮件至dbqq@phei.com.cn。
本书咨询联系方式：（010）88254199，sjb@phei.com.cn。

作者观点精选

无知识，不生意。生意背后一定是生意的内容、知识或信息不对称。因此，一切企业皆媒体，所有生意皆内容。数字经济时代，从有系统、逻辑的数字化内容营销开始。

为什么很多老板、企业很关心拉新？虽然给老板、企业创造80%以上利润的一定是老客户，新客户也不能带来最多的利润，但是任何一家企业如果3年没有新的客户，都会面临死亡。因为老客户本身会更替消亡，任何生意不拉新，那你就只能等着你的生意和老客户一样，慢慢地老去、消亡。所以，有效的CRM一定是能拓客拉新的营销系统，同时能够把老客户跟进与后续服务管理好。

传统官网，归根结底就是营销和生意信息的新媒体化的呈现和表达，以实现更好的传播，影响到更多的人。而一个企业的生意信息，无非就是这些。最早的是老板的想法，然后就是印刷资料，最后是和客户面对面的讲解和沟通。我们要做的就是将这些内容进行数字化的管理、数字化资料的回收，最终形成营销获客的结果。

为什么说品牌官网要兴起？因为：①获客引流方式发生了改变；②交易成本更低了；③官网更容易建立品牌差异。

未来的某一天，私域流量会向小平台转变，只是时间量级的问题。

私域流量的聚焦点，不应该是用多少钱、用多快的速度去建立多少群、吸引多少用户，而是回归到你有多懂产品，多会做内容，用户有多喜欢你。最后，形成粉丝到你自身客户和会员的自然裂变。

私域流量经营，以拥有自己的“私域”为前提；社交媒体分享、传播，必须以拥有私域闭环为前提。没有自己的私域领地，任何私域流量都不会存在。纵使社交媒体平台百万粉，哪个不是平台的用户，与你的瓜葛其实有限。博主发的信息，你的粉丝是否能看得见，其实还是平台说了算。

数字化营销，不是用数字技术打扰客户，而是用数字化技术让你和你的生意能被找得到和找到更多客户，从而让生意变简单。

大多数人所讨论的“私域流量”，本质上就是“社交流量”，即通过社交引流到自己的社交媒体账号。私域流量一定是以拥有自己的“私域”为前提的。一旦你有了私域，所有的流量都是私域流量。

人人一个“域”，互联成网。互联网本身就是去中心化的！私域流量不是新行业、新机遇，仅仅是因为平台创造的便利带来的流量红利消失，商家在寻找新的突破口。天下之势，分久必合，合久必分。互联网将回归本源，让大家重新重视“私域”。

数字化环境下生意成功关键是基于自身生意内容的数字化表达成功，实现自身生意能被客户找得到和找到更多潜在客户。

前　言

20年前，我们做生意只是选个址，开个店，或参个展。

10年前，我们做生意还需要建个网站，开个网店，投个搜索广告。

5年前，我们做生意又需要弄个微博、微信，来拉粉、拓客、引流。

而如今，我们做生意不仅需要做网站、开网店，还要运营各种小程序（如微信、百度、支付宝等），以及微信号、头条号、百家号、企鹅号、抖音、快手、秒拍等各种各样的自媒体账号。

互联网和数字化在拓宽市场的同时，事实上也让生意变得越来越复杂。“互联网+”、大数据、云计算、人工智能、数字经济，各种各样的新名词、新概念，搞得我们云里雾里，也带来了焦虑和无所适从。面对已经不再简单的营销、不再简单的生意，企业该何去何从？

我们的答案是：私域流量运营。

什么是私域流量？在2019年4月举办的首届数字化转型大会上，杭州电子商务研究院执行院长赵浩兴是这样定义的：私域流量是指从公域、他域（平台、媒体渠道、合作伙伴等）引流到自己私域（官网、客户名单），以及私域本身产生的流量（访客）。私域流量是可以进行二次以上链接、触达、发售等市场营销活动的客户流量。私域流量和域名、商标、商誉一样属于企业私有的经营数字化资产。

有人认为，私域流量是可以免费重复利用，而且可以随时触达用户的流量；还有人认为，私域流量是沉淀在企业公众号、微信个人号、微博号、头条号或抖音号等自媒体渠道中的流量。与电商网站、商业广告等传统领域的公域流量相比，私域流量属于企业的私有财产。

事实上，私域流量可以理解为属于企业自己，而不是依托于第三方平台的用户流量。私域流量具有可重复利用、成本低、可随时触达用户等优点，它是企业的私有数字化资产。把流量引入自己的私域流量池，一方面可以让企业摆脱平台的束缚；另一方面企业也可以把各个渠道的流量完全整合起来，并掌握在自己手中。

当企业把私域流量掌握在自己手中时，生意也就变得简单了，因为留在企业私域流量池的用户具有较强的黏性和较高的转化率，企业的运营效率会大大提升。而且，有了自己的私域流量池，企业可以不必再去大面积“撒网捕鱼”，只要专心照顾好自己“池塘”里的“鱼”就行了。

那么，我们应如何做好私域流量运营呢?

首先，私域流量运营需要企业具备四大基础数字化能力，它们分别是：链接能力、数字物料管理能力、官网构建能力和社交撩客能力。而传统企业想要具备这些数字化能力就要进行数字化转型，实现“破三立五”：打破传统企业“无入口、无官网、无数据”的“三无”现状，建立“自官网、自媒体、自营销、自品牌、自中心”的“五自”格局。

为了帮助传统企业实现数字化转型，走上私域流量运营之路，笔者结合自己多年以来的互联网运营经验，写作了本书，希望它能帮助企业把生意越做越大、越做越简单。

本书共3篇，分为11章。

“理论篇”，包括第1、2章，阐述了私域流量的基本定义及其对企业数字化转型的重要意义。

“实务篇”，包括第3~6章，主要介绍了私域流量运营所需的四大数字化能力，并从实操的角度介绍了企业应该如何构建这四大能力。

“运营篇”，包括第7~11章，主要介绍了私域流量运营的具体方法，如将公域流量引入私域的方法，用私域流量塑造品牌、互动营销、研究客户和构建社群的方法。

本书除了列举生动的案例，还提供了实操方法。无论你是运营新人，还是资深运营人士，相信这本书都能让你有所收获。“私域流量”是2019年最火的一个词，它的出现恰好解决了流量成本居高不下和企业获客难的问题。企业应该抓住机遇，好好研究私域流量运营，牢牢抓住用户，把他们引入自己的流量池，从而让用户的价值高效发挥，让企业实现永续经营！

目 录

理论篇

为什么私域流量会火

第1章 人人私域，是互联网的本源思想

在互联网营销领域，2019年最火的一个词是“私域流量”，这个概念看起来很新鲜，其实它并不是一个新生事物，而是互联网的本源思想。做互联网运营归根结底就是沉淀用户流量，发展忠实客户。私域流量运营恰好点出了互联网运营的本质，在这个流量越来越细分、获客成本居高不下的时代里，企业要把每个用户的价值发挥到最大，因此企业必须选择私域流量运营。

1.1 从互联网运营的底层逻辑谈私域流量

近年来，一个叫作“私域流量”的概念逐渐走红，它从电商行业一路蔓延到了整个互联网运营领域，每个互联网运营人都在谈论它，不少企业和品牌也在研究它。那么，私域流量究竟是什么？它对品牌运营又有什么样的作用呢？我们不妨先来看一个案例，感受一下私域流量的“魔力”！

“阿迪达斯”这个世界知名运动品牌从1997年进入中国就受到了全国人民的追捧，发布的系列鞋款更是达到了“一鞋难求”的境地，在如此火爆的背后，是阿迪达斯始终以来坚持的营销策略。

阿迪达斯的成功在于其营销团队对于私域流量的运营。阿迪达斯虽然早已入驻天猫、京东等电商平台，但是它始终把自己的官方网站（见图1-1）作为营销第一阵地，无论是独家优惠活动还是最新产品动态，基本上都在其官方网站上第一时间发布，然后才在其他渠道发布。

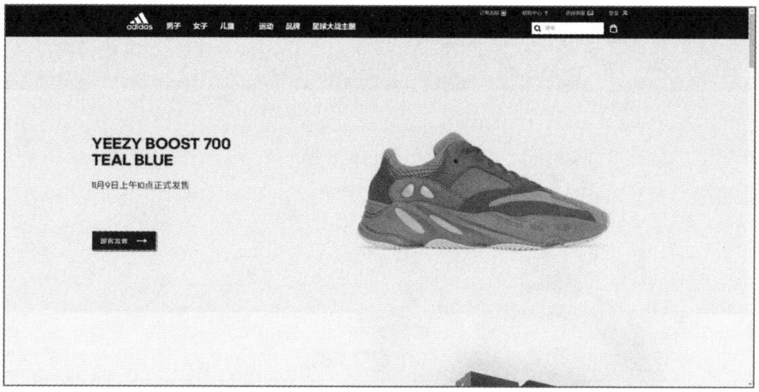

图1–1　阿迪达斯官方网站

阿迪达斯官网采用会员登录制度，在官网购买产品前，需注册adiCLUB会员（见图1-2），其目的也是希望将客户留存在其官网上，通过会员提前购买权/会员积分等多种会员促销手段，吸引客户在其官网上进行购买。

图1–2　阿迪达斯adiCLUB会员

同样，作为中国最著名的白酒品牌——“茅台”，2019年无论是关注度还是财富都达到了一个非常高的境界。飞天茅台酒一如既往地“常年售罄”，茅台股票年中的一波涨停，都为茅台博得了不少的关注。

茅台的经营策略和阿迪达斯如出一辙，都是以官方商城（见图1-3）、会员为主阵地，其他渠道为辅，更何况茅台贵为“国酒”，在宣传营销上不需要花费太大力气，但是其对于私域流量的运营还是值得我们学习的。

图1–3　贵州茅台官方商城

从这两个案例中，笔者相信大家一定对私域流量有了一个感性的认识，相比过去的全渠道、全平台运营，私域流量运营的渠道更精准，与用户的接触也更加直接。那么，私域流量的准确定义到底是什么呢？从这个例子可以看出，令人尊敬的企业把自己的官网视为真正的私域，并擅长借助渠道实现营销和销售。

1.1.1　私域流量到底是什么

互联网运营的底层逻辑就是获取流量，在读懂私域流量之前，我们必须先了解什么是流量池。顾名思义，流量池就是指拥有巨大流量、可以源源不断获取客户的渠道。淘宝、百度、抖音、微博都是流量池。

私域流量则是企业或品牌私有的流量池，可以把平台上的流量引导或存储起来。私域流量是免费的、可以在任意时间、用任意频次直接触达用户的渠道。

《中国互联网络发展状况统计报告》显示，截至2019年6月，我国网民规模达8.54亿人，2018年的人均周上网时长为27.6小时，他们在网上社交、购物、追剧、打游戏、看视频，这些渠道每天会产生难以计数的流量。如果我们把互联网看成一条大河，那么用户流量就像河里的鱼，谁都可以凭自己的能力去获取。而私域流量运营就是从“大河”中引流，把“鱼”引入自己的池塘中饲养。这样一来，企业就可以随时随地地和自己的“鱼”亲密接触、培养感情。

因此，私域流量的优势也是显而易见的。假如你经营了一家卖保健品的公司，公司规模不大，也没有能力建立大规模、全方位的获客渠道。此时，如果能够建立一个社群，聚集一群忠实用户，并持续地为他们提供价值，那么这批客户就会成为你公司的私域流量。你可以直接和他们接触，近距离培养信任关系。通过这种私域流量运营方式，你可以低成本、高效率地获取忠实用户，实现稳定的销售增长。

从表面上看，网络上有无数个渠道，目标用户分散在其中，难以下手。但实际情况并没有这么复杂，因为90%的用户都聚集在最常见的那几个渠道中，如微信、微博、百度、淘宝、京东、抖音、拼多多、美团等。如果企业或商家要建立自己的流量池，只需要抓住几个主要渠道，并利用渠道特点和规则引流就可以了。

每个产品和品牌都有自己特定的目标人群，所以我们在建立私域流量时要考虑两个关键因素：一是流量平台的特征，二是目标人群的特点。只有把这两个关键因素结合起来，我们才能建立有价值的私域流量。

建立私域流量不是一件一劳永逸的事，它不仅需要我们制定出稳定的引流机制，还需要我们持续不断地向用户输出价值，不断地与用户互动，建立起牢固的信任关系。我们要知道，引流到自己“池塘”里的“鱼儿”随时都有可能逃走，私域流量同样存在转化和流失的问题，如果我们不持续经营和维护，私域流量也可能“枯竭”。

如今，人口红利消退，大平台对流量的掌控越来越强势，企业获取流量的成本也不断增高，因此，很多企业在互联网营销上遇到了瓶颈和障碍。现阶段，私域流量运营正是打破这一局面的有效手段，很值得我们下功夫去研究和掌握。

私域流量的核心本质就是商家、企业自己掌握客户名单，而不是完全地依赖单一平台。

1.1.2 为什么要做私域流量运营

在我们看来，做私域流量最直接的好处就是可以将渠道费用省下来，直接扩大利润空间。因为，企业可以把熟客变成自己的推广渠道，通过熟客实现销售裂变，进一步扩大用户规模。而且，沉淀熟客更容易制造和传播口碑，有利于品牌的成长。总结起来，做私域流量有以下好处。

1. 降低营销成本

过去，虽然用户购买企业的产品或服务，但企业并没有主动与他们进行链接，这些客户流量并不属于企业。例如，某企业在电商平台上开了一家店铺，并在电商平台上花钱做了一系列推广活动，顾客A通过平台的推广活动到店铺购买了产品，但是买完后，这位顾客A就回到了平台，他还是电商平台的用户，而不是企业的用户。如果企业想要再次触达顾客A是非常困难的，也需要付出较高的成本。

如果顾客A加了企业客服的个人微信号，或者进了企业微信群就不一样了。当后续推出新产品或者做活动时，企业就有免费的推广渠道了。企业可以通过客服的个人微信主动联系用户，并用更新朋友圈、群发等多种方式推广新产品和活动。

如果没有建立私域流量，主动和用户建立链接，就只能坐等用户上门，或者花费大量成本去铺设渠道、做产品推广。所以，无论是线上电商，还是实体店铺都可以通过运营私域流量来降低流量成本。

例如，某个电商企业注册了10个个人微信号并积累了2万名老客户，为了运营这些微信号，企业雇了2名运营人员，一人负责文案和内容，另一人负责客户维护。只要企业推出新品，就在朋友圈和微信群宣传。一年下来，这家电商企业节省了20多万元的刷单费用。

虽说这个方法看起来很“土”，但它为企业赚取了更多的利润。用个人微信链接用户不仅更方便、成本更低，而且也更具有黏性。当然，私域流量的运营不可能仅仅停留在微信平台上，微博号、抖音号、头条号等渠道也需要我们大力耕耘。

2. 防止老客户流失

市场竞争日益激烈，我们的客户随时都有可能被竞争对手抢走，如果仅靠产品来链接用户，那么企业和用户的关系就会非常不稳定，当市场上出现同类竞品时，客户就会选择离开。所以，企业要和用户建立更牢固的关系，例如，让用户加入企业的社群，经常在社群内参与活动等。

如果我们能通过运营私域流量，和用户建立更牢固的关系、更深的感情，那么用户的稳定性就会比较强，也不会轻易流失。

笔者有一位做餐饮的朋友，以前他店里的顾客总是吃完就走，没有和店铺建立任何联系，回头客也非常少。店里做活动时，也只是在门口放一个易拉宝，没有其他推广手段。因此，他的店经营得很艰难。后来我们建议他做私域流量，建立一个吃货群，并开通个人客服，用社群沉淀老客户，在朋友圈推广活动和新菜品。刚开始，他用“加微信，送小菜”的方式积累了一批老客户。接着，这位朋友建立了微信群，让老客户通过微信群订座、订菜，并开展了一系列优惠活动、试菜活动。这样一来二去，他的老客户就积累得越来越多了。

想要留住老客户，不仅要做好产品，还要经常唤起他们的记忆，加深他们对产品的印象。虽然，私域流量运营要花时间、花精力，但是能够帮助企业在客户群体中增加曝光度，也能够拉来更多的回头客。

3. 更有助于塑造品牌

品牌的塑造不仅需要产品、企业文化、服务等客观要素，还需要体验、感知、信任等用户的主观感受。用户心目中值得信任的、有温度的品牌才能获得更多口碑和影响力。

进行私域流量运营可以让用户近距离地感受企业的服务，也能和其他用户直接交流，从口碑中加强对产品和品牌的认识。这样的效果比企业主动宣传要好得多。小米品牌之所以崛起得如此之快，就是因为有无数个忠实用户在帮它塑造品牌。

记得在2013年左右，小米F码（优先购买权）的紧俏程度堪比春运火车票。每逢新手机发售，抢到F码的“米粉”都会在朋友圈里、微博上“秀”出来，连不关注小米手机的“路人”都能感受到这股抢购小米手机的热潮，小米品牌的传播范围也因此越来越广了。

私域流量运营是打破“获客难、获客成本高”这个局面的最佳法宝，它能够帮助企业留住用户，甚至把客户“圈养”起来。所以，私域流量运营绝对是值得企业和运营人员深入研究并掌握的方法。

1.2 私域流量和公域流量的区别与归属

说到私域流量，就不得不提到另一个概念：公域流量。从大企业到个人创业者，都在努力将公域流量转化成私域流量。因为大家都知道，私域流量的转化率要远远高于公域流量。

现在在社交电商领域大家都在谈公域流量和私域流量，大到电商平台，小到个体，都很重视将公域流量转化成私域流量。其原因是私域流量比公域流量的转化率高得多，同时黏度也高很多。那么，究竟什么是公域流量，什么是私域流量?

1.2.1 私域流量是和公域流量相对的一个概念

1. 公域流量

简单来说，公域流量就是一个公共区域内的流量，是各个流量平台上的流量，它是大家共享的、不属于企业和个人的流量。如果我们要获取公域流量就要花钱“买”。

今日头条、腾讯新闻、百度新闻都是公域流量池的代表。实际上，公域流量的范围非常大，大众点评、美团、58同城等地域服务性质的平台也是公域流量池。而微博、微信、抖音、快手、QQ等社交平台上面既有公域流量也有私域流量。目前，流量红利已经逐渐消退，获取难度不断增加。依赖公域流量，就意味着企业的成本会不断攀升。

2. 私域流量

私域流量是企业和个人自主拥有的流量，它是免费的、可重复利用的、可控制的。企业或个人微信公众号、微信个人号和自己的App上的流量就是私域流量。怎么理解呢？例如，你想看我的朋友圈，而我的朋友圈是封闭的，只有我信任的人才能看，你必须先成为我的微信好友，才能看我的朋友圈。如果我信任你，通过了你的好友验证，那么你就进入了我的私域流量池。其实，私域流量就是一个基于信任关系的封闭性平台上的流量池。

3. 私域流量与公域流量的关系

私域流量和公域流量是一个相对的概念，私域流量是通过沉淀和积累获得的更加精准的流量。例如，看到微信朋友圈分享后进群的用户，观看淘宝直播后进入店铺群的粉丝等。公域流量则与私域流量相反，是花钱从平台上买来的、一次性的流量，如花钱通过淘宝的直通车带来的流量，朋友圈广告、视频贴片广告等带来的流量。这些流量花一次钱才有一次。

打个简单的比方，公域流量就像一条河，私域流量就像一个小池塘，在河里捕鱼的人越来越多，捕获一条鱼的成本也越来越高，因此越来越多的人选择自建鱼塘，把鱼养在小池塘里，以降低捕捞成本。

1.2.2 私域流量是私有财产

杭州电子商务研究院发布了“私域流量”的官方定义：

“私域流量是指从公域（Internet）、他域（平台、媒体渠道、合作伙伴等）引流到自己私域（官网、客户名单），以及私域本身产生的流量（访客）。私域流量是可以进行二次以上链接、触达、发售等市场营销活动的客户数据。私域流量和域名、商标、商誉一样属于企业私有的经营数字化资产。”

从这个定义中，我们可以看出，私域流量属于企业的私有财产，可以通过公众号、微信群、个人微信号、抖音等自媒体渠道进行存储。

私域流量的崛起意味着企业在成长，它代表着企业从跑马圈地式的流量收割，转向了精细化的用户管理。企业应该积极构建自己的私域流量池，以达到促进用户连接、提高粉丝忠诚度和销售额的目的。

1.2.3 企业怎样将公域流量转化为私域流量

私域流量听起来很厉害，那究竟什么样的产品和行业更适合做“私域流量”？我们都知道，私域流量具有高复购率、高客单价、高话题性的特点，符合这三个特征的产品和行业都很适合做私域流量，比如保险、美妆、健康、餐饮、医美、教育培训等。下面，笔者就给大家分享一家教育培训机构的私域流量运营案例，看看它是怎样把公域流量转化为私域流量的。

对于教育培训机构来说，招生是贯穿该机构整个运营工作的始终，无论是淡季还是旺季，机构都绕不开这一环节。如果将招生工作对应到互联网思维中，那么招生其实就是获取流量、留存流量、转化流量的一个过程。下面，我们来看看上海欣学教育信息咨询有限公司（简称欣学教育）是怎样进行私域流量运营的。

1. 搭建私域流量池

欣学教育通过乐通达营销SaaS系统搭建了在线网校、小程序和企业智能名片系统以及私有专属会员注册和管理系统，以便于在招生推广过程中，将用户有意识地集中在名片小程序以及官网中进行机构私域流量池的储备。

2. 搭建私域流量媒体矩阵

欣学教育通过乐通达营销SaaS系统进行媒体矩阵管理，包括内容“一键分发”、营销物料管理、数据自动回收等。因为教育行业受众广的特殊性，有关教育的内容都能够迅速引起共情力，从而达到非常好的曝光和传播效果。欣学教育定期在各平台输出图文、视频、问答等多种形式的内容，以此来获取媒体平台上的线索。

3. 进行社交化传播分享

教育培训行业有课程客单价高、决策时间长等特点，让机构很难仅通过一次营销推广就达成签单报名，每一笔订单的完成都需要长期的宣传推广以及转化时间，所以建立机构的私域流量池可以为课程顾问提供更便捷的转化手段，并在维护过程中不断提高家长对机构的价值认知，潜移默化形成转化。

欣学教育利用乐通达智能名片小程序为课程顾问及授课老师搭建的个人专属名片，在线上线下各种场景内进行分享，全方位触达潜在学员。丰富的名片内容大幅节约了欣学教育的人力成本，访客在名片小程序中即可了解机构信息、讲师信息、课程介绍等；访客在查看内容前需进行授权，以此记录潜在学员联系方式；系统会对名片访客的行为轨迹进行记录，通过客户的轨迹记录，课程顾问精准定位其潜在需求，及时提供反馈以及答疑等价值服务，与潜在学员建立初步信任并引导购买相关课程。

不到一年的时间，欣学教育官微中心后台收获21 001位访客，报名学员超过500位，有完整联系信息、注册会员并有意向的共102位。通过乐通达营销SaaS中心进行媒体内容全网分发，系统自动回收的数据显示：图文阅读总量8 071次，视频播放/互动总量10 071次，转发分享总量778次。

从欣学教育的“私域流量”方案实施中我们可以看到，企业在做私域流量的时候，要以“内容”为本、以“人”为本，合理利用社交化的官网、小程序等工具，才能最大限度地获客。

1.3 域名的拥有和守护

最近，私域流量的盛行引发了一波企业抢注域名的风潮，看到这样的现象，笔者十分欣慰。因为越来越多有远见的企业家已经意识到了域名的重要性，而且能把私域流量与域名联系起来，说明这些企业家想做平台、做品牌。

看到这里，肯定有人认为私域流量和域名并不挂钩，因为运营微信公众号不需要域名，运营抖音号也不需要域名。

笔者想问大家一个问题：一个企业在运营私域流量时，难道就只做几个自媒体账号吗？有远见、有野心的企业家当然会说“不”！因为他们不仅要运营自己的流量池，还要建立自己的平台，打造自己的品牌。

例如，企业要建立自己的官网、开发自己的App时，是不是需要域名？做一个独立平台的小程序时，是不是需要域名？做独立的电商网站是不是需要域名？所以，只有真正想做平台、做品牌的企业家才会重视域名。笔者希望每一位企业家都能放开眼界，关注企业的域名，为企业未来发展打下基础。

1.3.1 什么是域名、为什么要有域名

“域名”的英文为Domain，翻译成中文恰恰是领地、私域的含义。

因此，在一定程度上，拥有域名是创立自己私域的前提。

百度百科中对域名的定义是：“域名是由一串用点分隔的名字组成的互联网上某一台计算机或计算机组的名称，用于在数据传输时标识计算机的电子方位（有时也指地理位置）。”

域名是企业在互联网世界里的地址，企业的潜在总部（企业网站）必须通过域名才能顺利地被找到。同时，域名也是企业品牌的延伸。域名是企业重要的无形资产，它的价值和作用与品牌、字号和商标同等重要。

几乎所有的大中型企业都十分重视自己的域名。有些知名企业为了保护自己的域名不被侵权和干扰，不仅将企业的主域名注册成各种类别（.com、.cn、

.edu等），还将所有与自己主域名读音和拼写相似的域名也注册下来。例如，OPPO、华为等大企业在全世界范围内就注册了成百上千个域名。

其实，不仅大中型企业要重视和保护自己的域名，小企业和个人经营者同样也要有域名保护意识。如果企业不重视自己的域名，那么早晚有一天将会为此而付出代价。

其实，注册一个域名不仅非常简单，也非常便宜。如图1-4所示，注册域名非常便宜，只需支付几十元的费用，就可以拥有一个属于你自己的域名，为自己的私域建立起客户可以链接你的入口。

图1-4　爱名网域名注册

1.3.2　好域名，才能彰显品牌价值

我们可以把域名理解为网站的网址，但它绝不仅仅是一个网址那么简单，目光长远的企业家，要在运营公司网站前就确定好域名。因为，域名对企业以后的市场推广、产品营销和品牌建立都非常重要。

有时候，一个好的域名的价值是无法用金钱来衡量的。

1. 好域名有利于树立良好的企业形象

如果企业的域名简单易记，而且与企业名称或品牌保持一致，就会让用户印象深刻。用户有可能因为一个好记的好域名而成为企业的回头客。例如，提到百度，大家都会想到它的域名“baidu.com”；提到淘宝，谁不知道它的域名就是“taobao.com”。

2. 好域名便于推动市场，推广产品和服务

好域名能让用户迅速记住企业、找到企业，因此企业在做产品推广时也会事半功倍。提起微博大家第一个想到的不是腾讯微博，而是新浪微博，这与新浪微博的域名“weibo.com”是分不开的，这个域名让网友觉得微博就是指新浪微博，而不是指其他同类网站。

3. 好域名可以保护品牌

好域名可以保护品牌，树立品牌形象。企业必须保证自己的域名不落入竞争对手的手中。企业在注册域名的时候应该尽量把和自己品牌有关的域名全部进行保护性抢注，企业也可以购买其他有价值的域名来指向企业自己的网站。

“真假开心网”（kaixin001.com与kaixin.com）之争曾经轰动一时，这就是一场域名引起的纠纷，这场域名纠纷让开心网蒙受了巨大的损失。好域名对提升企业知名度有巨大作用，不合适的域名将对企业品牌形象造成影响。为了让域名和品牌保持一致，奇虎360就曾花1亿元收购域名360.com，可见域名对企业和品牌的重要性。

4. 好域名能获取更多的流量

好域名能带来访问量，为企业省下巨额的广告费用，类似“business.com”和“car.con”的域名本身就自带流量，对“business”（生意）和“car”（汽车）感兴趣的人一定会去浏览这两个网站，而Yahoo网站的域名的价值超过1亿美元。这些事实无不告诉我们：好域名自带流量，好域名是企

业的财富。

5. 域名具有唯一性

域名比商标有更强的唯一性，域名注册的原则是先注册先使用，后来者只能选择注册其他域名，或者与已注册的人协商购买该域名。著名的连锁餐饮品牌“外婆家”就曾斥资18万元买回自己的域名“waipojia.com”。“外婆家”之所以要花钱买域名，一方面是因为想发展互联网业务，另一方面是因为曾有过商标被抢注的惨痛教训。

6. 好域名是企业的重要资产

有些企业做了官网，但网站没有什么访问量，问题几乎都出在域名上，如果官网的域名和品牌名称不一致，那么用户就很难找到这个网站。如果域名和品牌或企业名称一致，那么用户就能很快记住网站的网址，而且能对品牌的传播起到积极作用。

假如有两家生产同类产品的企业A和B，A企业的官网域名和企业名称不一样，用户把A企业的名称作为域名输入浏览器地址栏后，却没能进入A企业的官网；而B企业的域名和企业名一致，用户很容易就能找到B企业的官网，获得了自己想要的信息。试想一下，用户会选择哪家企业的产品呢?

域名的唯一性让它成了稀缺资源，好域名不仅是企业在网络上的“名字”，也是企业的产品、服务、形象、口碑等的综合体现，是企业的重要无形资产。而且，域名还可以用来交易、停放、融资，甚至抵押。国家也开始逐渐认可域名的资产属性，开始对域名征税，并将域名列入法律保护的范围。

有很多域名服务平台也提供二手域名的交易服务，如爱名网的域名交易平台am.22.cn（见图1-5），提供了数百个供出售的二手域名。

图1–5 爱名网域名买卖市场

1.3.3 如何保护域名

域名保护是指对品牌域名以及与品牌相关的域名进行保护性注册，防止被他人抢注或仿冒，避免品牌的声誉出现损失。很多国内外大企业都做了域名保护，如阿里巴巴、诺思罗普、施乐、惠普、IBM、苹果等，这些企业的品牌名称均与域名保持统一。一般普通企业做域名保护时，可以多留意以下几个方面。

1. 保护主流的通用域名，如.com、.net、.cn等

如果域名已经被人抢注了，则建议企业将域名买回来，因为这对企业的长远发展是有利的。

2. 保护国别域名

至于保护哪些国家的国别域名，就要根据品牌的布局和方向来定了。如果品牌主攻亚洲市场，那么韩国、日本、印度等主要亚洲国家的主流后缀都要保护起来。

3. 保护与品牌名称近似的域名

有的人会注册与品牌名称类似的域名来销售假冒伪劣产品，如“xiaomi”和“xiaoml”。

4. 保护产品域名

如果企业有某款产品特别出名，那么与产品相关的域名也要保护。例如，华为的荣耀（honor）手机，就采取了域名保护措施。

域名是企业的宝贵财富，是助力品牌传播的重要因素，所以任何企业都要重视和保护自己的域名。哪怕你的企业很小，也千万不要忽视域名，因为它关乎企业未来的发展。

1.4　私域流量不是新兴词汇，是互联网的本源

事实上，私域流量并不是什么新概念，而是早就存在的，是互联网的本源。那么，它为什么会又一次重新被提起呢？这是因为私域流量正在逐层裂变，最小的私域流量池已经到了个人层面，于是我们突然强烈地感受到了私域流量的存在。

1.4.1　流量被层层瓜分

过去的顶级流量主是以央视为代表的各大电视台和传统媒体，它们几乎可以触达每一位观众，因此当时有无数企业斥巨资在电视上打广告，很多经典广告至今仍然被人们津津乐道。

随着互联网的发展，新一代流量主们开始崛起，以电视台为代表的传统流量主风光不再，它们的流量被百度、淘宝、微信、京东、抖音、爱奇艺等平台瓜分。

相对于电视台那样的顶级流量主来说，百度、微博、微信等都算得上是私域流量，但是对这些平台上的小私域来说，这些平台的流量又太大了，人们认为它们是公域流量。我们在前文中说过，私域和公域是一个相对的概念，大流量主下面还有小流量主，公域流量逐层裂变成私域流量。

微博、微信、百度、头条等新一代大流量主们的流量还在进一步被瓜分。随着自媒体的崛起，各大流量平台上的流量再一次被瓜分，每一个抖音

号、每一个公众号、每一个微博号都是一个小小的私域流量池。微商、分销、拼团等电商模式都是从这些小小的私域流量池中衍生出来的。

私域流量还在不断地裂变、下沉，这种裂变还会继续，所以私域流量运营也将成为一种趋势。

1.4.2 私域流量裂变成因

那么，是什么导致了私域流量的不断裂变呢？透过所有的表面现象，我们可以找到三个最基本、最核心的因素，这三个因素直接引起了私域流量裂变。它们分别是互联网、产品和用户。

1. 互联网：私域流量裂变的基础

互联网是私域流量裂变的基础，它的不断发展和变化，为私域流量裂变提供了条件。今天的互联网和过去最大的区别是：实时链接。过去人们要打开电脑“上网”，现在人们可以做到24小时实时在线，人与设备时刻都处于链接状态，我们可以随时通过互联网链接任何人或事物。在这样的背景下，企业也具备了实时触达用户的能力。

而且，企业触达用户的途径之多，简直让人眼花缭乱，朋友圈、店铺、公众号、二维码、小程序、直播、群、社区、文章，甚至智能汽车、地铁、支付等途径都可以让企业触达目标用户。

当企业可以随时与用户建立链接时，每一位用户都会成为自主可控的私域流量，而不是公域流量分配给企业的流量。所以，我们才说互联网是私域流量裂变的基础。

2. 产品：私域流量的载体

产品不仅仅是一个简单的、用于交易的商品，还是私域流量的载体。所以，我们要把售卖产品变成运营产品，当产品的生命周期被拉长以后，自然就会有流量附着于产品上。

很多企业都会犯一个普遍性的错误。它们都会给自己的产品或企业开设公众号用于宣传营销，但是却把公众号运营外包出去，这样的做法是割裂了产品和用户，显然是错误的！

我们要明白，公众号不是一个单纯的营销窗口，它还有与用户建立长期联系的重要使命。想要与用户保持联系，企业就要为用户提供价值，尤其是在使用产品的过程中的增值价值。所以，企业应该把公众号与产品结合起来，共同为用户提供持续的价值。

3. 用户：在私域间流动的对象

同类产品严重过剩导致用户很难坚守一个品牌或产品，用户的随机消费变得更加频繁，每一个小品牌都有可能有自己的用户群体。

这意味着每一个产品都有机会获得流量，用户随时都可以灵活地进行迁徙，而不是像过去一样所有的用户都被“关”在一个流量池内。只需要动动手指，用户就可以从一个平台跳转到另一个平台，从一个私域转到另一个私域。所以，用户是在私域间流动的易变对象，他们主动促成了小私域的形成，也让小私域获得流量的门槛变得更低了。

以上三大核心因素合力造就了今天的私域流量格局。这三个要素，也为我们未来的私域流量运营之路提供了新思路。我们要从互联网、产品和用户的不同角度去考虑私域流量的运营，不要把互联网当成营销窗口，而是要当成链接一切流量入口的大终端；也不要把产品仅仅看成一件商品，它也可以是流量的载体；用户也不是一成不变的，他们会在各个地域间流动。

私域流量从来都不是一个“新鲜事物”，它代表了互联网的底层逻辑，那就是链接用户和触达用户。当链接用户的渠道越来越多，流量势必会越来越分散。中小企业和个人创业者也有了直接接触用户的机会，这是时代给予我们的机遇，我们应该抓住私域流量运营这个风口，让自己的事业乘风飞翔。

第2章

私域流量是企业数字化转型的关键

如今，每个企业都在谈数字化转型，因为随着互联网的普及与电商行业的蓬勃发展，传统企业的处境已经岌岌可危。传统的营销方法和营销渠道已经收效甚微，如果企业要生存下去，就要进行数字化转型。对中小企业来说，私域流量运营是企业数字化转型的关键，它可以帮助企业实现“破三立五”，帮企业找到自己的定位，消除数字化转型过程中的焦虑。

2.1 数字经济时代已经到来

“数字化”“数字经济”这两个词并不新鲜，放到今天再谈似乎已经过时了。但是，笔者恰恰认为，直到今天，数字经济的时代才全面到来。因为，数字化经济是一种在电子虚拟市场上进行的经济活动，它建立在信息技术的基础上。而今天的信息技术已经足够发达，各种应用遍地开花，移动互联网、AI、AR、区块链等技术催生出了无数新的商业模式，各种互联网营销手法也不断推陈出新。在今天这个时代，信息技术的发展使数字化经济的浪潮真正席卷了各行各业，并且深刻影响了更垂直、更下沉的市场。

数字化经济绝不是陈词滥调，它是一个历久弥新的概念，不断发展的信息技术会持续赋予它新的内涵和外延。而且，数字化经济会不断给企业战略、市场格局和商业环境带来新的变化。

《未来简史》的作者尤瓦尔·赫拉利说："对于未来世界，最大的不变就是改变。"对于数字化经济来说，唯一不变的也是"改变"。所以，时至今日，我们依然再谈数字化经济和企业的数字化转型。

2.1.1　对企业来说什么是"数字化"

在为不同的企业做营销服务时，常常有企业家问笔者这样的问题："数字化是什么？"当这个问题被询问过多次以后，笔者突然明白：尽管企业已经决定进行数字化转型了，但企业本身对于"数字化"却没有一个清晰的定义。

所谓"欲将用之，必先信之"，不管我们要进行数字化转型还是数字营销，都应该先搞明白"数字化"是什么。毕竟，只有理解"数字化"的概念后，我们才可以确定正确的方向。

事实上，关于"数字化"的定义，至今为止，也没有一个盖棺定论。字典里关于"数字化"的定义是这样的："以数字信号的方式关联、使用，或存储数据或信息；需要或涉及计算机技术的使用。"

然而，这样的定义已经不足以概括今天的"数字化"，企业的数字化应该有更丰富的内涵。那么，到底什么是"数字化"呢？要把这个定义弄清楚，我们首先要明确"什么不是'数字化'"。

1. 什么不是"数字化"

在为企业做数字化营销服务时，常常有企业家告诉笔者，他认为数字化就是技术革新，使用最新的技术就是实现了数字化。这种想法是完全错误的，因为技术并不能让企业实现数字化转型，哪怕企业步入了云端、使用了微服务架构或NOSQL（非关系型数据库）都不意味着它实现了数字化。

同样，批处理也不是数字化。在数字化时代，离线的数据馈送和调度处理已经落伍，机器之间的通信应该在信息可用的瞬间就立即进行，这样才能确保信息始终处在最新状态。

另外，数字化过程理论上不应包含任何人工的介入，但是在现有的技术条件下，某些任务还离不开人工的介入。例如，信用卡欺诈检测，目前仍需要人工复核，企业的某些线上服务，也需要人工处理。

2. 什么是“数字化”

知道了什么不是“数字化”，接下来，定义“数字化”会变得相对简单一些。根据笔者多年的行业经验和研究所得，对企业来说“数字化”至少包括以下九大内容。

（1）用户为先。用户是企业数字化服务的目标对象，企业必须满足用户的需求，开发可以让用户获益的功能，开展能快速改变消费者或帮助用户降低成本的服务。无论企业做什么，必须将用户放在首位。

（2）即时反馈。在数字化世界中，用户发出请求后的响应时间已经开始用“毫秒”作为单位来衡量，他们都期待自己的需求能够立刻获得反馈。

（3）自动化。企业的数字化应该包含尽可能多的计算机处理过程（最理想状况是100%由计算机处理），人工介入越少越好。

（4）实时。企业的数字化应该能全天候接受请求，并做到按需可用，实时反馈最新数据。

（5）智能。这里说的“智能”是指，自动帮助用户处理最原始的信息并进行相关运算、汇总、提炼和转换，这一切都无须用户操心。同时这种智能也意味着服务应当能预测用户的下一步操作，并提前做好准备，提供建议。

（6）在线。数字化系统应该能通过互联网在任何地点访问，不应对设备和使用情况进行任何限制。

（7）美观。数字化时代的任何服务，都应具备美观的界面和构造优美的API（Application Programming Interface，应用程序接口）等特征。美观还代表着易用、直观，以及能满足用户的需求。

（8）推进改变。数字化可以推进业务过程的改变，重新定义企业的每项业务，让企业适应数字化时代。

（9）定期改进。用户对IT技术并不精通，但他们时刻都希望能看到改进，任何企业的数字化平台都应该定期进行改进。

2.1.2　数字化转型关乎企业未来

透过以上“数字化”的定义，我们可以深刻地感受到：企业迈向数字化并不是一件容易的事，它充满着艰辛和挑战。

1. 企业要解决人力资源问题

数字化转型意味着企业需要更多人才储备，需要招聘一批专业的互联网运营人员和技术人员。不仅如此，原有的员工也要进行重新培训，以适应新的工作模式。在这个过程中，企业要投入招聘和培训的成本，员工也要调整自己的心态，并改变过去的工作模式，还要学习数字化相关的知识和技能。这对从来没有接触过数字化的传统企业和员工来说都不是一件容易的事。

2. 企业要面对技术上的门槛

笔者在为一些企业做咨询时发现，技术也是企业数字化转型道路上的一个门槛，很多传统企业没有处理客户数据的能力，也没有客户管理系统和互联网营销体系，如果要重新建立，需要花费不菲的成本。不过，现在的互联网营销手段越来越多样，其中不乏一些低成本、高效率的方法，私域流量运营就是其中之一。

以上两大问题，是笔者及其团队在为企业服务时遇到最多的，也是最困扰企业的问题。不过，数字化转型虽然不易，但只要具备恰当的人员和方法，并投入时间和精力就会获得回报。

新的时代已经来临，是被数字化的浪潮颠覆，还是拥抱数字化，做一个时代的颠覆者？这是所有的企业家都应该思考的问题。“数字化”不是流行语，也不是营销口号，它是关乎企业未来发展的重大问题。明智的企业家应该意识到，数字化转型是企业的唯一出路。

企业在经营上想要做到全渠道是有必要的，但同时一定不要完全依赖渠道，而要搭建企业的私域流量池。2019年格兰仕（见图2-1）与天猫“二选一”事件闹得沸沸扬扬，其原因就在于天猫要求入驻的品牌商在电商促销活动中“选择天猫就不能选择其他平台”，整个事件过程由天猫突然给格兰仕降权引起。

图2-1 格兰仕

据格兰仕给媒体提供的细节显示：

2019年4月3日，天猫屏蔽格兰仕在全淘、聚划算、淘抢购的资源，要求其下架拼多多平台旗舰店。

2019年5月20日，天猫要求格兰仕出具“退出拼多多”的公函。被拒绝后，天猫直接不让格兰仕参加“5・20大促”。

由此，2019年5月27日，格兰仕与天猫商谈。天猫要求格兰仕“6・18”后下架所有在拼多多平台上开的店铺。就此，双方未能达成共识。

由于格兰仕在天猫的综合搜索被降权，格兰仕沙力专卖店从每天近2万人的访客量，下降至每天仅有200多人。

2019年6月2日，天猫更是屏蔽格兰仕主要“热卖品”展示功能，使格兰仕各核心店铺的核心单品流量进一步下滑。

于是，2019年6月17日，格兰仕在其公众号发布声明“揭露”天猫的“恶行”。该声明宣称，自2019年5月28日格兰仕拜访拼多多以来，格兰仕在天猫平台的搜索陆续出现异常，导致正常销售受到严重影响。

格兰仕说明，在发现异常后，该公司曾通过各种方式与天猫进行沟通，但异常问题截至2019年6月17日尚未得到解决。因此，格兰仕认为，至少是天猫业务层面上的不作为，希望引起天猫高层的足够重视。

当日晚间，天猫的相关负责人回应称：“在App上搜索‘格兰仕’显示都是正常的。”然而格兰仕对此回复并不满意。

紧接着，2019年6月18日，格兰仕在新公告中用了“别玩阴的”这句话严厉“警告”了天猫。并表示格兰仕希望与天猫公开对话，希望天猫直接与其联系。

2019年6月19日，格兰仕官方表示，格兰仕“6・18”在天猫上的六家核心店铺销售较去年同期均大幅下滑。其中，格兰仕官方旗舰店销售额同比下滑了41.5%，格兰仕凡臣专卖店销售额同比下滑了89.06%。格兰仕天猫搜索异常事件造成格兰仕相关店铺超20万台产品库存积压，整体损失不可估量。

最终，2019年10月28日，格兰仕正式起诉天猫。2019年11月5日，法院受理格兰仕的起诉。

就算是格兰仕这样的大企业，在面对天猫平台的“霸王条款”时，也显得无可奈何，因为平台间的相互制约，造成了自己的无辜损失，成了平台竞争的牺牲品。就算起诉，未来的很长一段时间里，“格兰仕们”依旧需要仰仗天猫的流量，或者其刚入驻的拼多多平台，也随时可以对其店铺进行降权甚至屏蔽，品牌的命运始终掌握在平台手里。

这件事警醒大家，当平台一家独大的时候，大家就是砧板上的肉，谁不听话就“剁死”谁。所以说企业数字化转型是非常有必要的，不再依靠平台，自己应建立私域，自己的命运掌握在自己手上。现在已经“没有难做的生意”，“生意如何做更大”才是企业当下需要思考的。

2.2 数字经济浪潮下，数字化转型是企业唯一选择

如今，几乎人人都在谈企业数字化转型，可究竟什么是数字化转型呢？对于这个问题，互联网营销行业链条上的每个组成者（媒体、广告服务商、企业家、咨询公司、IT厂商），都有自己的见解。

有的企业家说“数字化转型就是对业务进行数字化重塑”，有的媒体说“数字化服务是推动转型的关键因素”……一时间众说纷纭，但我们却找不到一个能把“数字化转型”解释清楚的答案。或许，我们更应该从实践中寻找答案。

2.2.1 什么是数字化转型

海尔企业经过数字化转型实践后给出的答案是：数字化转型是由业务和信息技术共同推动的。在实现数字化转型的过程中，海尔企业对传统生产模式进行了升级，打造了按需设计、按需制造、按需配送的数字工厂体系，使整个生产过程实现高度的配置性，极大地满足了用户的个性化需求。可见，企业的数字化转型是一个全方位、系统性的过程。

在研究包括海尔在内的多家企业后，笔者总结出了企业数字化转型的三大主要表现。

1. 技术升级

企业要实现技术应用的升级，要以新一代信息技术为基础，进行企业的数字化转型。例如，随着移动互联网技术的发展，有的企业除了有官网，还开发了自己的手机App。

2. 整合数据和渠道

企业全方位、全流程地打通渠道和数据，实现数据的实时流动和共享，把信息技术和企业管理真正融合在一起。例如，企业打通所有传播渠道，建立信息传播矩阵。

3. 重构生态

企业要适应互联网时代的需要，利用数字化管理和运营手段，重构企业生态，推动产品设计、研发、生产、运营和管理等模块的变革。

2.2.2 数字化转型是企业唯一选择

全球知名调研机构IDC曾对2 000家企业做过一项关于“数字化转型”的调查，结果表明：2018年，世界1 000强企业里，有67%的企业把数字化转型作为企业的战略核心；中国1 000强企业里，这个比例占到了50%。这表明：对于传统企业，尤其是中小企业来说，数字化转型已经不再是一道选择题，而是一条必选的生路。

为何企业如此迫切需要数字化转型？究其根本，无非是数字化转型可以为企业带来产业升级、提升服务质量和敏捷性、提高生产效率、扩展服务环节、拉长产业链等价值。

笔者的团队曾经为“温州杰拓机电有限公司”（简称杰拓机电）打造了一套数字化转型方案。下面以杰拓机电为例，来看看传统企业是如何做数字化转型的，以及其数字化转型对传统企业有哪些价值。

20年前做生意，只需选址开店或参展；10年前做生意，除了第一步，还需要建网站，开网店，投搜索广告；5年前做生意，除了前两步，还需要借助社交媒体（微信、微博、软文传播）。而现在做生意，要关注的渠道就更多了，除了官网、品推、文宣，还有各类信息流自媒体、短视频平台，还要做各种小程序、社交平台信息流广告等。信息媒体时代已经转向社交媒体时代（见图2-2）。

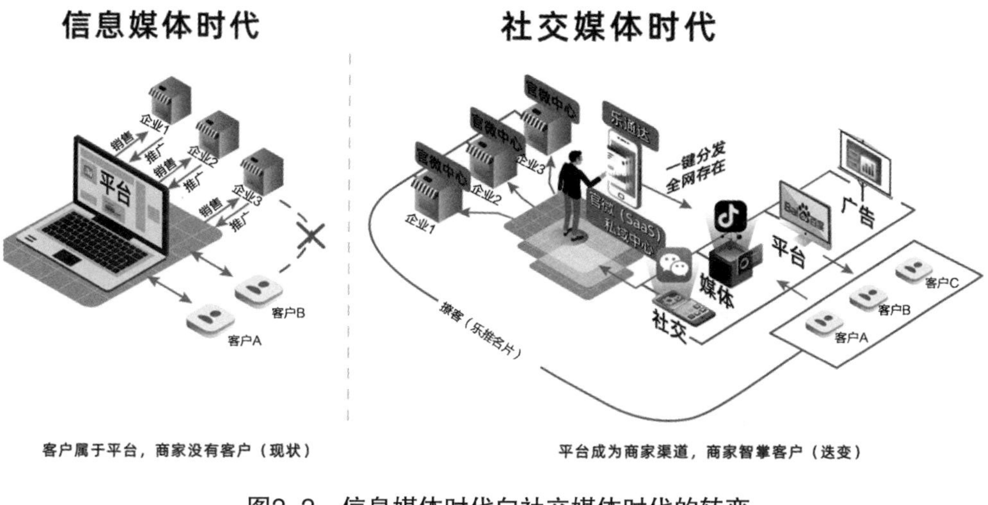

图2-2　信息媒体时代向社交媒体时代的转变

对于一家没有接触过互联网的传统制造企业来说，要在这么多互联网渠道中寻找客户线索就如同大海捞针。但幸运的是，杰拓机电就找到了正确的出路，仅用半年时间，从“一无所获”发展到“客源不断”。

2019年7月1日—7月19日，不到20天的时间，相关业务人员就接到了数十个新客户电话，如此高效精准的获客能力是如何实现的呢？杰拓机电使用了以下四大策略。

1. 构建官微中心，形成私域流量池

通俗来讲，所谓官微中心，就是在互联网营销的世界里，为企业搭建一所自己的房子，实现“一个后台，一个中心，一份数据”的基础功能。官微中心（见图2-3）是通过杭州乐通达网络有限公司的核心技术产品官微云构建的。

图2-3 官微中心

通过官微中心，杰拓机电不仅拥有了自己的官网，并且拥有了官网营销的一个微中心，用户在官网的一切动作，如点击、访问、互动等，都能通过后台直接获取，省去大量的人工统计成本和数据分析成本。更为重要的是，通过官微中心的搭建，杰拓机电能够将自己的流量信息汇总，形成自己专属的私域流量池，将资源牢牢掌握在企业自己的手中。

从官微中心后台数据统计中，可以直观地看到，短短半年时间，杰拓机电便已实现获客线索量339条（见图2-4、图2-5）。

图2–4　杰拓机电官微中心后台

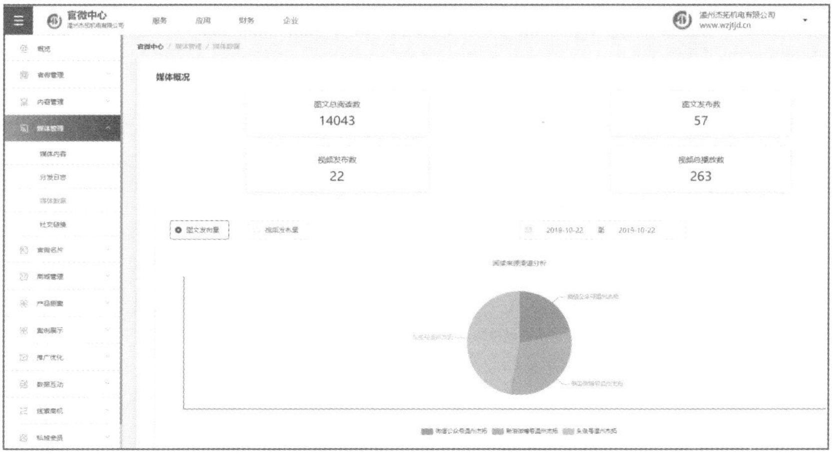

图2–5　杰拓机电官微中心媒体数据

2. 生意内容化，营销数字化

企业经营需要认识到一个关键信息：生意的本质是内容。为什么这么说呢？

以杰拓机电为例，杰拓机电作为一个专业的机电公司，钢筋切割机等机械产品既是企业经营的根本，又是知识内容的最终呈现形态。花里胡哨的内容大多数时候能够引起关注，但真正引发消费动作、形成消费黏性的还是产品本身的质量优劣、使用感及企业服务。因此，对这些内容的文字化、视频化传达，才是一个企业宣传的灵魂和脉搏所在。图2-6为杭州乐通达网络有限公司的内容管理与集成枢纽。

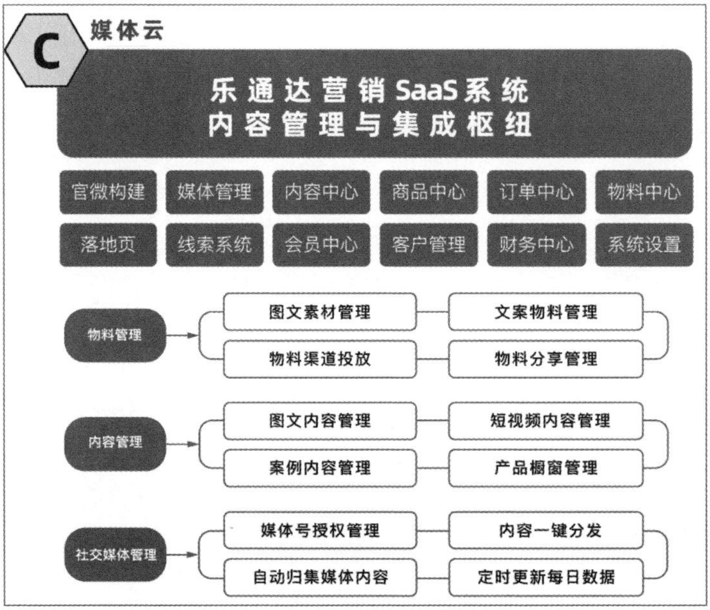

图2-6　内容管理与集成枢纽

于是，笔者的团队通过头条号、微信公众号、抖音号、大鱼号、企鹅号等热门流量聚集的自媒体平台，对杰拓机电的核心内容优势进行营销化的文字、图片和视频的输出（见图2-7），针对目标客户在全网形成大量曝光，用最具有针对性的方式，引起消费者的关注、兴趣，自发主动地来了解产品，也就是我们所说的获取销售线索。

图2–7　杰拓机电媒体传播内容

3. 生意简单，智掌逍遥

对于销售线索的收集，如果一个账号一个账号地进行查找，显然是一件费时费力的事情。乐通达营销云便是为解决这一难题而生的，它能实现销售线索的自动化发现、收集、反馈、跟踪和管理，通过多媒体综合数据报告呈现，形成营销管理闭环（见图2-8）。

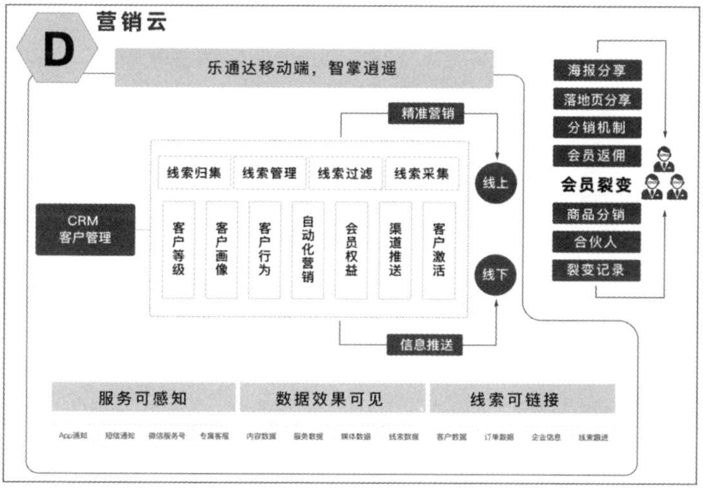

图2–8　乐通达移动端

杰拓机电的管理人员只需要每天查看营销云，便可以清晰明了地接收到来自各个媒体平台的销售线索，包括消费者的需求以及联系方式等（见图2-9~图2-11）。有了销售线索，杰拓机电的销售人员便可以直接与目标客户沟通，精准获客，大大提高获客效率，实现企业的降本增效。

图2-9　杰拓机电通过营销云查看媒体传播数据

图2-10　杰拓机电通过营销云收到线索推送

图2-11　杰拓机电通过营销云查看销售线索

4. 官微“乐名片”，实现数字化揽客

传统纸质名片或者电子名片只能简单传达企业名称、职务、联系方式等基本的信息，只是作为基础的介绍工具，丝毫不具备营销获客的属性。客户了解企业仍需要借助网络或者问询的方式进行二次、三次甚至更多次获取。

而营销工具官微“乐名片”（见图2-12）则可以有效地缩短这个获客时间，因为“乐名片”不仅仅是一个简单的个人信息页面，更是营销人员和企业的一个微营销页面。通过“乐名片”，客户能够清楚地了解到企业的业务，直接和营销人员进行对话，而营销人员也能通过访问记录，有效追踪自己的目标客户，形成双向沟通，实现数字化营销蓄客。

通过以上这些新型营销工具，杰拓机电成功走出了传统制造业在互联网时代的困境，实现了精准化快速获客。而像杰拓机电这样的企业还有千千万万，在步履维艰的时代，并非全无生机，而是需要找到正确的方向和工具。

所以，对传统企业来说，数字化转型不仅仅是简单地引进几项技术，或者开通几个社交媒体账号，而是一种运营方式的颠覆。杰拓机电可以通过官微名片进行企业信息展示（见图2-13）、企业动态展示（见图2-14），还可以查看访客行为（见图2-15）。

图2–12　杰拓机电官微名片

图2–13　杰拓机电官微名片企业信息展示

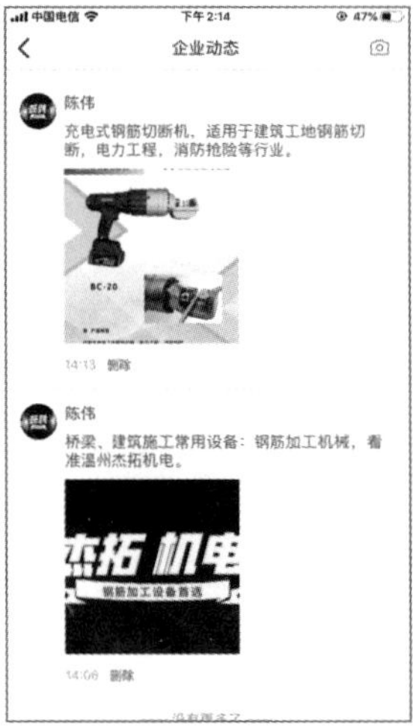

图2–14　杰拓机电官微名片企业动态展示

图2–15　杰拓机电访客行为示例

2.2.3　数字化转型赋予了企业与企业家新的使命

一般来说，传统企业的数字化转型更多体现在营销方法和管理模式上，数字化技术和应用大多用来提升营销效率、改善管理流程。但是，我们必须认识到，数字化转型不仅仅是营销和管理的转型，也是人力资源、投入产出、知识、财务、企业文化等的转型。

而且，每个企业、每个业务对数字化转型有不同的需求，这就意味着企业家首先需要进行自我转型，必须对企业的业务有深刻的认识，要让数字化转型紧贴企业实际，真正落实到位。在企业的数字化转型过程中，企业家要做好掌舵人。

在企业数字化转型的过程中，企业家要把握好以下五个方向。

1. 全局化

企业的数字化转型不能局限于某项技术、某项业务、某个产品或某个部门，应该是全局化的。

2. 产业化

企业的数字化转向要向产业化的方向发展，不仅要打通上下游，还要把跨界发展作为目标。

3. 商业化

企业的数字化转型要以提升盈利为目的，要围绕用户和市场开展。企业的数字化产品和服务是面向大众、面向用户的。

4. 扁平化

企业管理模式要向扁平化、去中心、平台化等方向发展，只有这样才能更好地适应数字化的业务流程。

5. 价值化

企业的数字化转型不仅要构建功能，更要实现价值，企业中的任何一项数字化变革，都应该为企业的价值赋能。

说到这里，相信大家已经明白为什么企业必须要做数字化转型了。归根到底，是因为用户变了。如今的用户出没在互联网上，更习惯通过互联网与企业和品牌发生交互，数字化的产品和服务也能更好地满足用户。所以，“数字化转型”已经不是选择，而是企业唯一的出路。

2.3 “破三立五”构建私域流量，助力企业数字化转型

目前，数字经济已经成为我国经济创新发展的主流，未来的企业都会成为“数字企业”，很多传统企业都在开展数字化转型。

不同于新兴的互联网企业，传统企业在经历数字化转型的过程中必定会经历阵痛。笔者曾经为不少传统企业提供过数字化转型咨询，传统企业想要实现数字化，并不是一件容易的事，其难度不亚于武侠小说中的“洗经伐髓”。

企业实施数字化转型就像动手术，不仅要面临重重困难，还要承受巨大的前期投入，数字化转型的投入产出比也是不可以预测的。这么说，不是为了夸大传统企业数字化转型的难度，而是为了让大家对企业数字化转型的痛

点有一个清晰的认识。

2.3.1 传统企业数字化转型的痛点

传统企业的数字化转型要面临以下五大痛点。

1．痛点一：不存在

这里的“不存在”是指企业在互联网上“查无此人”，没有入口、没有官网、没有链接、没有内容、没有流量、没有数据。这种在互联网上不存在的企业是没有任何竞争力的，企业必须尽快构建自媒体渠道和官网，打造内容并获取流量。在互联网上找到自己的存在感，是很多传统企业数字化转型的第一步。

2．痛点二：媒体分散化、网民上网行为碎片化

随着移动互联网的发展和普及，出现了越来越多的媒体平台，这些媒体平台将流量瓜分干净，网民们的上网行为变得越来越碎片化。这种现象导致的结果是：后台众多，互不相同；内容制作困难，操作复杂；无法全面覆盖所有渠道；无法精准触达所有目标用户。

3．痛点三：内容质量差，传播效率低

互联网营销的内容对传统企业来说也是一大痛点，存在内容质量差、传播效率低的问题。很多传统企业打造的内容不仅搜索引擎搜不到，推荐引擎难推荐，而且一年只写三五篇，写出来也只有内部员工愿意看。

4．痛点四：潜在客户无法链接，销售线索大量流失

传统企业不缺潜在客户，缺的是链接客户的方法。很多企业由于没有有效的数字化链接方式，导致客户看完广告就走，也许客户有意向但没有反馈途径，所以企业并不知道。即使企业知道客户有意向，但是也找不到客户；即使找到了客户，企业也无法做到随时精准触达。

企业找不到客户，客户也同样找不到企业，没有官网、没有自媒体账号，客户想和企业做生意也找不到门路。

5. 痛点五：品牌数字化呈现缺失

据调查，90%的传统企业没有移动官网，只有1%的传统企业拥有官方微博和微信公众号，其他的自媒体或短视频平台就更不用说了。很多传统企业直到现在还依赖产品宣传册，那么笔者想问一句：你的产品宣传册能发到朋友圈里吗？当然不能！所以，传统企业要把自己的产品宣传和品牌宣传物料数字化，做好品牌的数字化呈现。

以上是传统企业数字化转型的痛点，不过，有痛点就意味着有机遇，在新媒体时代，传统企业数字化转型也有着不少便利条件。例如，千人千面的信息推荐机制，让用户触达更加精准，企业获取流量的机会也会增加；繁荣的自媒体生态，让企业有更多渠道去链接潜在用户；社交传播的运用让内容可以低成本、大范围地传播；短视频的兴起扩大了内容的维度。

分析完痛点和机遇以后，有人肯定要问，怎样才能提升企业数字化转型的效率呢？答案是实现“破三立五”，构建私域流量。下面我们就来看看到底什么是“破三立五”！

2.3.2 什么是“破三立五”

“数字化引发的这一股创新浪潮，为企业实现增长和开拓业务带来全新机会。我们需要了解、掌握并利用这一技术发展进程。”积极迎接并拥抱数字经济，“破三无，立五自”，推进传统产业经济转型，助力创建面向未来的数字化新型企业。

1. 何为“三无”

所谓“三无”，就是“无入口、无官网、无数据”。互联网发展迅猛，我的数据在哪里？谁能访问我的数据？我的数据安全吗？无奈，企业市场还有太多痛点亟需解决，还在依赖京东、淘宝等第三方平台，数据也要通过第三方提供商进行管理，无法将用户沉淀。数据在访问、交付和储存的过程中，也会遭遇不同层次的安全风险。

2. 怎么破“三无”

企业需要的是一个不依赖其他第三方的平台，从各个渠道链接自己的用户。官微是企业在互联网上必不可少的身份标识，是10亿网民链接到你的通道。不要再一味地认为谷歌主宰了数据行业、欧洲人能生产最好的汽车等。这是我们思维上的障碍，在这个互联互通的世界上，企业最终将通过数据赚到钱，而这些企业可能来自其他行业，甚至是之前从未存在过的新企业。所以，企业应通过构建自己的官微中心，自己把控数据，沉淀用户，从根本上破三无，从而赢得在市场上竞争的优势。

3. 何为“五自”

所谓“五自”，就是“自官网、自媒体、自营销、自品牌、自中心”。

4. 怎么立“五自”

立“五自”就是建立自己的PC端和移动端官网，建立自媒体账号和自媒体矩阵，形成自己的互联网营销系统，打造自己的品牌，以企业自身为中心构建私域流量。构建私域流量的五个维度如图2-16所示。

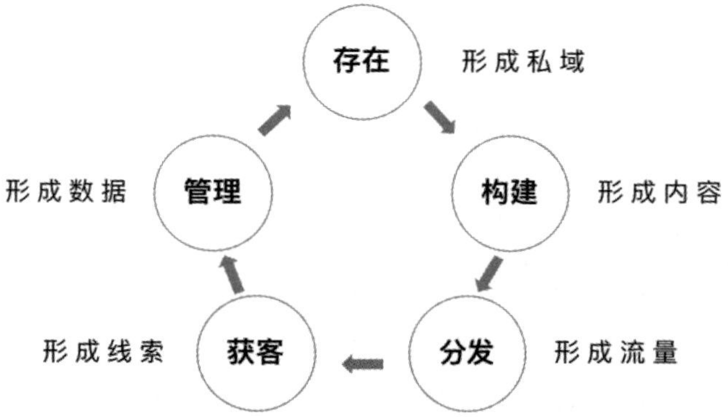

图2-16 构建私域流量的五个维度

相比之下，那些一直把自己和传统大平台捆绑在一起，要依赖别人为你背书的人，将面临越来越大的威胁。未来的失业危机，他们或将首当其冲。更要命的是，很多人并未意识到这一点。

所以，如今我们在这里谈论“破三立五”这个概念，又一个新时代要来了。在这样的大背景和大趋势下，毫无疑问，任何个体和企业要发展，都不可避免地要运用互联网，懂互联网，有互联网思维。

未来创业的趋势，也将是从单纯的互联网行业的创业，变成运用互联网更好地服务传统行业的新方向。除了数字化转型，企业别无选择。身处其中的你，扪心自问：准备好了吗？

2.4 “数字化存在理论”破除转型焦虑

技术的革新推动着各行各业由单纯的产品经济时代进入服务经济时代，数字化转型更是大势所趋，转型升级已经被纳入多数企业的未来布局。可是，依然有很多企业还没摸清如何通过数字技术使企业运营变得更高效，也不知道如何通过数字化营销来拓展营收来源，实现业务增长。据笔者调查，只有不到5%的传统制造企业真正地实现了数字化转型，并获得了业务结果。

数字化转型对于传统企业来说不亚于脱胎换骨，甚至有人提出“转型相当于找死，不转型相当于等死”的说法，由此可见，传统企业数字化转型之路的艰难。但是，如果传统企业不转型，同样会面临被淘汰的风险。在这进退两难之间，很多企业都陷入了数字化转型的焦虑。

为了解决企业的数字化转型焦虑，笔者的团队深入研究了现有的数字化环境和市场现状，并由此得出了一个结论：解决企业数字化问题的第一步，是构建企业数字化环境的自我存在。那么，企业要怎样构建自我存在呢？我们提出了“数字化存在理论”（见图2-17），这一理论可以帮助企业解决以下六大问题。

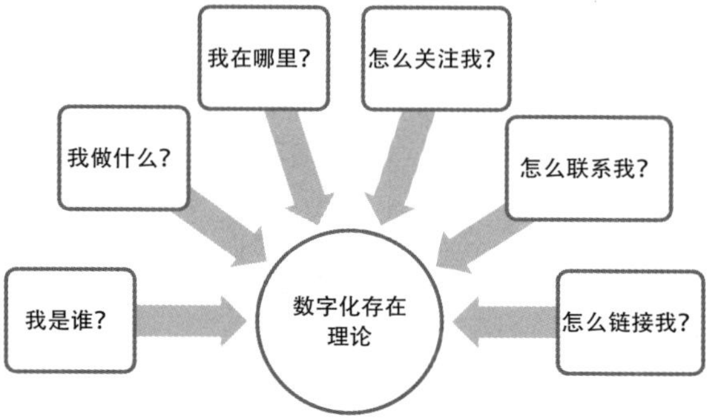

图2–17　数字化存在理论

2.4.1　我是谁

让大家知道“我是谁”，是企业对外宣传品牌的第一步，也是用户认识、了解企业的第一步。过去，企业可以通过实体店、网店、电视广告等模式向外输出品牌，打响品牌知名度。可是在数字化时代，这些传统的输出渠道已经远远不够，各类新兴媒介的出现，导致用户的注意力不断被分散，单一传统式的营销手段已经不再适用！企业在输出品牌时，要结合用户特征，利用抖音、今日头条、公众号、小程序等数字化媒介进行品牌宣传，并面向用户开展数字化营销服务，让用户从多个数字化渠道了解企业。

2.4.2　我做什么

让大众了解“我做什么”是企业营销的核心，也是企业实力的证明。企业品牌宣传的同时，还要结合自己的产品和服务，告诉用户“我做什么”。这样才能让用户对企业有更深入的了解，企业也能发现和挖掘潜在客户。如果品牌输出不结合产品和服务，就难以给用户留下深刻印象。

2.4.3　我在哪里

做生意最重要的就是“能够找到用户”和“能被用户找到”。在数字化时代，线上营销联动线下发展，才是最好的经商之道，也符合马云提出的

“新零售”概念。因此企业要运用大数据、人工智能等前沿技术，重构企业生态布局，构建以企业为中心的“自官网，自数据，自营销，自品牌，自中心”数字化营销网络，让用户随时随地都能找到你。

2.4.4　怎么关注我

互联网的流量红利期已经悄然过去，流量的价值已到达了天花板，用户的留存率才是企业在现阶段最在意的事情。要提升用户留存率，就要求企业家和企业管理者具有用户经营思维，充分理解“用户即资产”这一概念。而且，企业还要通过一系列的运营策略让用户知道“怎么关注我”，并完成用户积累，从而实现用户资产增值，这是企业数字化转型的重中之重。

2.4.5　怎么联系我

在数字化时代，企业和用户建立链接的方式十分多元化，而且用户的分布十分广泛，用户行为习惯也多种多样。因此企业应该全面了解用户市场，并根据目标用户的特征，为其提供更多的联系方式，让用户可以通过不同的渠道与企业发生链接，从而带动更多和更深层的互动，直至形成企业自有的用户体系。

2.4.6　怎么链接我

营销最大的价值在于让用户对品牌产生持续的依赖性和忠诚度，企业可以通过内容布局与用户建立链接，产生更高的用户黏性，还可以通过各种活动和奖励机制，增强用户与用户之间的强关系链接，进一步沉淀自有的用户体系，并不断向外辐射，让更多的用户知道“怎么链接我”，从而达到拓客、蓄客的目的。

“数字化存在理论”从六个问题出发，简单清晰地指出了传统企业数字化转型的核心诉求，致力于帮助企业消除数字化焦虑的烦恼。对于数字化转型，大多传统企业都有战略性眼光，但面临前沿技术难以攻破、内容营销体系不足等问题，希望“数字化存在理论”能为广大的传统企业提供数字化转型的思路、指出数字化转型的方向。

杭州良知蜂房子健康科技有限公司的数字化转型正是遵循“数字化存在理论”进行的，它选择乐通达的授权服务商——杭州乐通达网络有限公司，将自己的生意和内容进行了数字化转型，把所有的生意内容用数字化的方式表达出来（见图2-18），然后把内容同时发布到了官网、官微、多平台小程序及各个自媒体平台上。只有你“在”了，且“好看”了，才有人找你，才有生意上门，不是吗?

图2-18 杭州良知蜂房子健康科技有限公司的数字化表达

看到这里，有人一定会问：“要怎样解决‘数字化存在理论’中的六个问题呢？”相信很多企业也十分迷茫，虽然有了方向和思路，但是还缺少具体的方法论。

究竟怎样才能构建企业的数字化存在？怎样搭建自传播矩阵和原创高质量的自内容体系？怎样获取自然流量、信息流流量及社交分享流量？怎样在互联网世界进行市场拓展和品牌提升，并实现销售获客与运营效率的提升？这些问题都可以通过私域流量运营来解决。在接下来的章节中，将具体地为大家介绍构建私域流量的方法。

实务篇

私域流量运营的基础数字化能力

第3章

构建私域流量的链接能力

在这个日新月异、瞬息万变的时代里，每天都会出现新产品和新品牌，而消费者永远都是喜新厌旧的，想让他们记住你，就必须和他们建立链接，让自己的私域流量具备链接的能力。建立链接要从两个方面入手，首先企业要有商标和域名，这样消费者才能找到你；然后企业要建立和管理自媒体平台，因为自媒体平台是和消费者互动、构建链接的重要途径。

3.1 让私域具备链接的能力

在这个信息爆炸的时代，用户的注意力很容易被吸引，新产品、新噱头层出不穷，“网红”产品更是扎堆出现，可是大浪淘沙过后，能被消费者记住的品牌却寥寥无几。如果企业不想自己的产品变成“月抛”型或“季抛”型“网红”，就要想办法牢牢抓住用户，建立与用户之间的链接。

移动互联网技术的发展让人与人之间的链接方式发生了翻天覆地的变化，人们可以利用各种移动终端，如手机、平板电脑等，随时随地地联系彼此。在这个背景下，占据人们生活的移动应用也纷纷诞生，如微信、微博、抖音、今日头条、百度贴吧、知乎等。这些移动应用不仅改变了人们的生活习惯、社交习惯和消费习惯，也让链接变得无处不在。

人们每天都要通过手机和无数人、无数品牌、无数产品发生链接，有的链接是短暂而脆弱的，而有的链接则是长久而牢固的。例如，消费者通过线上下单，在一家生鲜水果店购买了水果，这次购买很有可能是一次性的行为。但是，如果这位消费者加入了店铺的社群，或者关注了店铺的公众号，那么他成为回头客的可能性就会大大增加。这是因为消费者和商家之间建立了牢固的链接，而这种牢固的链接正是由私域流量构成的。

因此，企业必须适应新的营销环境和营销方法，让自己的私域流量具备链接的能力，并基于链接重构新的营销体系，否则企业将难以生存。

链接可以给企业带来新的发展，给每个营销人员带来新的机遇。一旦产生了链接，企业和用户之间就会产生无数的可能性。链接拥有巨大的价值。

3.1.1 链接的价值

链接的价值主要有以下三点。

1. 提升营销效率

链接可以提升营销效率，无论在哪个平台上，只要企业与用户产生了链接，就能用较少的时间和金钱，获得较大的回报。只要链接一直存在，企业就能快速地与用户直接进行互动，这种效率将成为企业在营销方面的巨大优势。

2. 改善企业与用户的关系

链接可以改善企业和用户之间的关系，如果运营得好，甚至可以改善用户和用户之间的关系。例如，某企业的产品社群中，用户们通过各种活动彼此认识，成了朋友。

链接，可以让企业与用户之间的关系从无到有、由弱变强。

3. 重构业务模式

链接可以催生出更多更有价值的新商业模式，如当下最火爆的社群电商。未来，企业还将基于链接构建出更多的新商业模式。

即使传统企业，也会基于链接对企业的业务、组织形式、管理方式和营销模式等方面进行重构。只有理解链接的价值、挖掘链接的价值，企业才会有未来。

3.1.2 用自媒体构建链接

自媒体也是企业和用户构建链接的重要途径，我们可以借助自媒体渠道触达用户，用优质内容吸引用户、留住用户。

常见的自媒体平台包括微信、微博、抖音、快手、头条等。企业可以在这些平台上开通账号，借助平台的力量打造自己的私域流量。企业在规划自己的自媒体账号时，要从链接用户、传播品牌和卖货这三个方面出发。因此，企业在运营自媒体账号时，可以考虑以下几个策略。

1. 构建自媒体矩阵

企业要把所有具备链接价值、用户重点关注的自媒体平台都充分利用起来。在构建自媒体矩阵时，企业不能局限于自身，零售企业要立足于店铺，品牌要立足于区域市场，只有这样才能让私域流量全方位地链接用户。

建立自媒体矩阵对传统企业来说至关重要，很多企业之所以发生问题，主要就是因为原来的老一套传播体系失效了，但是新的传播体系又没及时建立起来。为了避免这种传播失灵的后果，企业必须重视自媒体，并建立自媒体矩阵。

在后面的章节中，会详细为大家讲解构建自媒体矩阵的方法。

2. 借助自媒体平台建立社群

企业还可以借助自媒体平台建立社群，以实现更加强效的链接。很多大企业都在利用微信、QQ、微博等自媒体平台建立社群。例如，永辉超市就建立了顾客群，并把每天客流的30%拉进群里，然后将各种优惠发到群里。同时在群里发红包，让老用户更忠实，并变成关键意见领袖（Key Opinion Leader，KOL），用自己的影响力去吸引更多新客户。根据永辉云创联合创始人张晓辉提供的数据，永辉已经借助社群（红包、砍价、KOL带货），实现永辉到家日订单峰值已突破6万。

不过，有的企业虽然建立了社群，但是却没有让社群发挥出应有的链接价值，群里只有简单的促销信息和产品展示。长此以往，好不容易打造出来的私域流量就会逐渐流失了。

3.1.3 域名和商标是链接用户的基础

域名和商标是用户记住企业、找到企业的唯一途径，是企业链接用户的基础。没有域名和商标的企业在广大消费者眼里就是“查无此人”，只有有了域名和商标，才能让更多用户找到企业或品牌。

域名和商标是企业经营所必需，随着2019年《电子商务法》的颁布，互联网也不再是法外之地，很多以互联网为主要经营场地的企业都必须具备自己的域名和商标，线上店铺的管理标准要向实体店铺看齐。

就在2019年1月9日，个体经营户王芳把自己的域名——qifuwu.vip作为经营场所成功注册了营业执照，这是全国第一张以独立域名作为经营场所的营业执照。

这张营业执照对个体经营户和企业来说都意义重大。因为，它意味着企业可以把域名作为自己的经营场所，并成功注册营业执照。

过去，企业在注册营业执照时必须出具经营场所的租房合同及续签合同，以证明经营场所的真实有效。

不仅如此，企业还要根据租房合同的金额按比例买相应部分的印花税。如果企业将域名作为自己的经营场所，就可以免去许多麻烦。

争夺优势域名资源大战将再次来袭，企业应该意识到域名和商标对于私域流量的重大意义。在下一节，将带领大家共同了解域名和商标的重大意义。

3.2 拥有商标和域名是链接用户的第一步

想象一下，如果一件产品没有域名和商标，将会发生什么？结果其实不难想象，没有域名的企业无法建立官网，用户无法在互联网上找到它，又怎么建立链接呢？没有商标的企业无法将自己的产品和其他同类产品区别开来，用户买过就忘，也不可能与企业建立链接。因此，拥有域名和商标是企业与用户建立链接的第一步。

域名和商标有很多相似之处，但是两者的作用对象又有所不同。在本节中，将详细地为大家介绍域名和商标的相关知识。

3.2.1　域名和商标的区别

域名就是互联网上某网站的地址，它是用来标识计算机的电子方位的。.cc、.com、.cn等都是最为常见的域名。

商标是商品或服务的标志，可以使用在相同或相似的商品和服务上，商标必须十分显著，才能起到识别商品和服务的作用。个体工商户和企业都需要商标，商标虽不是企业必须拥有的，但是它对企业的发展至关重要。

域名与商标的区别主要有以下四点。

1. 适用的对象不同

商标是用来标识商品或服务的，而且只能用在商品或服务上；域名是用来标识互联网上的计算机或计算机组的。

2. 具有标识性的基础不同

商标具有显著性，而域名则具有唯一性，两者的特征是商标和域名具有标识性的基础。

3. 排他性的基础不同

域名和商标都具有排他性，但它们两者具备排他性的基础不同。当已注册的商标被用于注册不同种类的商品（或服务）时，或者超出了申请注册的地域范围和有效期使用时，商标就不具有排他性。

对于注册的域名，只要按时缴纳了维护费，就可以在全球范围内是唯一的、排他的，既没有实效性，也没有地域性。

4. 取得的原则不同

域名的取得原则是注册在先，不注册就不得在互联网上使用域名。而各个国家的商标取得原则各有不同，有的国家是注册在先原则，有的国家是使用在先原则，有的国家采取混合原则。

商标和域名对企业来说是同等重要的，企业要想运营好私域流量，就必须重视商标和域名。

3.2.2 域名注册的相关事项

在注册域名之前，我们要先了解域名注册的相关事宜。域名是网站的字符化地址，相当于名字或门牌号码，它的主要类型包括：.com（国际顶级域名）、.cn（中国顶级域名）、com.cn（中国国内顶级域名）、.net（网络服务商）、.edu（教育机构）、.gov（政府机构）、.org（非政府组织）。其中，.com适用范围最广，为企业首选。

域名的使用原则是：谁注册谁使用，一个网站只有一个核心域名，可多个域名进入同一网站，而且域名受法律保护。所以，企业必须采取方法抢注域名，这既是长远投资，也是自我保护。一般来说，注册域名的途径有两种，一种是工信部官网注册，这种方式费用低，但手续烦琐；另一种是请域名代理商代理注册，这种方式手续简便，但需服务费。

域名的注册流程是：登录系统—提交备案信息—审核并交工信部备案—审核通过。

域名注册费用如下：.com、.cn等域名在国内知名域名平台爱名网，每月22号会员日活动促销价仅为49元/年，每年到期续费即可。由于.com、.cn域名资源稀缺，中文.com及.top、.me、.site、.online、.wang、.club等新的域名后缀均已放开，不过目前还不是主流。

在抢注域名时，我们应该首先选择公司名或项目名称拼音的.com域名，可以把.cn的域名作为备选。如果，拼音域名已经被抢注，我们可以选择退而求其次，用“拼音+数字”“拼音+w”“拼音+英语单词”的组合进行域名抢注。

此外，我们还要留意那些已被抢注的域名，要在它们的截止日期前趁机抢注或洽谈转让。最重要的是，域名须以公司名义而非员工个人名义注册。当然每年也有大量过期域名被删除，你也可以通过域名服务商提供的过期域名清单筛选即将过期的域名，进行预订。例如，爱名网的过期域名预定网址为22.cn/yuding。

3.2.3 项目再出名，没有商标也是白搭

如果一个项目没有在关键领域注册商标，那么即使它再出名，也是没有意义的。为什么这么说呢？因为江苏卫视的金牌节目《非诚勿扰》给了我们一个深刻的教训。

“非诚勿扰”是获得华谊兄弟授权的第41类“电视文娱节目410031子项”的注册商标。可是，早在2009年金阿欢就在第45类“婚姻介绍450112子项”中注册了“非誠勿擾”商标。于是，“非诚勿扰”栏目由于涉嫌商标侵权，更名为“缘来非诚勿扰”。

这件商标侵权案给了整个行业一个重要教训，如果商标问题不解决好，越是出名的项目就越容易惹上官司。因此，企业应该及时为自己的项目或品牌注册商标。

1. 商标注册的相关事项

商标是用以区别个人或集体所提供的商品及服务的标记。商标的种类有文字商标、图像商标、组合商标三种。商标注册共45类，其中第1~34类为产品，第35~45类为服务，这是国际通用的分类。

注册原则是：全国统一，注册受法律保护，申请在先，以自愿注册为主。注册周期为12~16个月（申请日期以递交材料时间为准，大概1年半才批下来）。商标注册流程是：递交材料—实施审查—公告—发证。

注册商标的单证收费方式为：官费（300元左右）+代理费（199元左右），申请时缴纳全额官费和代理费的50%，办理后付剩下代理费的50%，

如驳回不退初付费用（具体金额会有浮动）。每件商标可以在大类下涵盖10种项目，每超过一个项目，加费用30元，代理费不变。

2. 商标IP管理的痛点及解决方法

企业的商标IP管理一般有以下两个痛点：

（1）时间长。商标注册申请周期太长，这导致很多项目产品已经上线了，却还没拿到商标证书。

（2）经营范围多元化。有的企业经营范围比较多元化，企业旗下品牌和项目都很多，所以商标注册的步伐跟不上经营的步伐，因此很容易发生商标侵权行为。

针对以上两大痛点，为大家提供如下解决办法：

第一，从项目启动时，就着手商标注册工作，并由公司法务或专业代理公司跟进。

第二，有实力的企业在注册商标时，应该尽量做到全覆盖，对未注册的空白领域进行“保护式抢注”，对已注册的领域进行“延续性注册”，除此以外，还可以在竞品的商标周边进行渗透包围式注册。

第三，对公司的solgan（广告语）、VI（Visual Identity，企业形象）、全国范围内有影响的活动、创始人的著作、App图案等进行版权登记或商标注册。

3.3 具备系统化管理自媒体账号的能力

你知道自己每天在社交媒体上花了多少时间吗？

We Are Social与Hootsuite合作发布的《2020全球数字报告》显示，目前全球有38亿人使用社交媒体，这个数字占全球总人口的约50%，人们平均每天花在社交媒体上的时间是2小时23分。波士顿咨询公司与腾讯营销洞察联合发布的《2019中国社交零售白皮书》显示，在中国，每人平均每天要花费2.3

个小时在各种社交媒体上。在这两个多小时中，人们可能会刷朋友圈、微博或抖音和快手，也有可能浏览今日头条、百家号等媒体平台，因为相关数据表明，有40%的用户通过社交媒体了解最新信息。

社交媒体的蓬勃发展，标志着属于自媒体的时代已经到来了，越来越多的企业、品牌和创业者都开始运营自己的自媒体账号。自媒体账号是企业和品牌获取流量、链接客户的重要渠道。因此，要构建私域流量的链接能力，企业必须具备系统化管理和运营自媒体账号的能力。只有这样才能与用户实现零距离互动，并建立紧密而牢固的链接。

常见的自媒体平台包括在线社区、博客、百科、短视频、微博、微信、今日头条、百度、搜狐、凤凰、UC等，企业界可以在这些平台上注册账号，并发布和传播资讯，从而形成营销、销售、公共关系处理和客户服务、客户关系维护及开拓的一套系统。

自媒体平台有一个重要特点，那就是网站内容大多由用户自发产生和传播，而内容的曝光度由热度决定。为了取得好的营销效果，企业不仅要注重内容的质量，还要积极与用户互动，来争取更多的关注和传播。而且，企业还要通过自媒体渠道来获取用户的反馈，并根据反馈及时调整自己的营销策略。

不少品牌把自己的注意力聚焦在了自媒体账号的运营上，微博、微信这“两微”自不必提，抖音、快手等短视频平台也成了品牌营销的重要战场。张太和在2019年6月入驻抖音，在几个月的时间里，由抖音获得订单超过200单，那么，它是如何做到的呢?

首先，张太和抖音账号（见图3-1）有明确的目标人群。运营团队制作的视频主要面向喜欢和关注滋补养生的年轻人，并且利用年轻人喜欢的视频风格来“吸粉”，都取得了不错的播放量。

其次，运营团队十分注重内容质量。张太和抖音账号的内容以科普养生知识为主，每一个视频都由专业拍摄团队精心制作视频内容，而且运营团队在投放视频时还考虑到了时间和频次。

值得一提的是，张太和在自己的抖音主页里放上了官网链接，当粉丝看中视频上的某件单品时，就可以直接从官网购买，这种做法直接实现了用户转化，既简单又高效。

图3-1 张太和抖音主页

从张太和的例子中，我们可以看到，自媒体账号不仅能为企业和品牌扩大影响，更能带来流量和销量。那么，为什么自媒体营销会为企业带来如此大的收益呢？因为，和传统媒体营销方式相比，自媒体有自己独特的优势。

3.3.1 自媒体营销的三大优势

在这个人人都能成信息传播者和制造者的时代里，无论是企业还是个人，都要学会借助各大自媒体平台进行营销，自媒体营销的优势主要有以下三点。

1. 精准化

目前，互联网上公开的大数据已经可以让我们精准地知晓用户的特征，我们在做自媒体运营时也应该做到精准化。例如，我们可以通过平台数据了解用户最近的喜好、消费偏好、行为特点等内容，并根据这些数据和内容，来制定相关的投放内容和营销策略。

而且，用户在互联网上的每一步操作都留下了相关的数据，企业可以通过大数据技术，对这些数据进行收集、整理、建模和分析，以形成精准的用户画像和数据线索，从而让企业进行更精准的营销，节约成本，使流量转化率达到最大。

2. 互动性

互动是人与人之间建立良好关系的最好方法，在现实生活中，品牌或企业与用户之间存在着空间和时间上的阻隔，而互联网上的自媒体则打破了时间和空间上的界限，使企业和用户之间有了着更加亲密的互动。而且，自媒体有着去权威性的特点，对用户来说，自媒体平台是他们与其他人平等交流的平台，开通自媒体账号可以在无形中拉近用户和企业的距离。

3. 成本低

传统媒体营销的方式一般有投放电视广告、报纸杂志广告或各类广告牌，这需要消耗大量的人力、物力、财力。而在自媒体时代，一个人可以经营一个甚至多个自媒体账号，并且可以随时随地进行营销，成功的自媒体营销内容通常会短时间内在互联网上呈病毒式传播。我们可以想象，一个有几十万甚至上百万粉丝数的自媒体账号会有多大的能量，传播信息的效率会有多高。自媒体营销是一种低成本、高效率的营销方式。

但是，目前的自媒体平台百花齐放，造成了流量的分散，企业为了最大限度地获客，就不得不在多个平台同时运营自媒体账号。可是，这样一来，每个平台都要配备相应的运营管理人员才能保证账号的正常运营。这对企业来说，多平台自媒体账号运营不仅要花费大量的人力和财力，还要面对平台信息不互通、形成流量壁垒的风险。因此，企业必须具备系统化管理自媒体账号的能力。

3.3.2 如何具备系统化管理自媒体账号的能力

如果企业有多个自媒体账号，如微博号、百家号、头条号、抖音号等，那么运营人员在发布内容时就需要单独登录每一个平台，不仅操作烦琐，还容易出现内容发布不稳定、数据混乱、效率低下等问题。因此，企业要具备系统化管理自媒体账号的能力。

因此，我们需要一个工具，这个工具必须具备以下几种功能。

1. 账号管理功能

我们需要一个可以进行媒体账号管理的工具，它可以统一管理如微信公众号、新浪微博、头条号等自媒体账号。

2. 内容分发功能

内容分发功能是指可以在线编辑内容，可以自由选择所需要发布的平台，并支持多账号一键分发。例如，当我们编辑好一篇图文内容后，可以同时发布到微信公众号和今日头条号。

3. 定时发布功能

有了这个功能，我们就可以提前安排发布任务，节约时间成本，并最大限度确保账号活跃，让工作更高效。例如，我们可以选择用户最活跃的时间段，并把这些时间段设置为定时发布时间，确保不漏掉任何一个涨粉机会。

4. 数据分析功能

系统化的管理工具还必须具备数据分析功能，这个功能可以帮助我们调整运营策略、优化内容，还可以帮我们打通平台之间的壁垒，同时监控各平台上的数据，如访问量、阅读量、内容偏好等，以形成完整的用户数据。

企业在寻找系统化自媒体账号管理工具时，应该按照上述四大功能去选择。只有具备了这四大功能，才能真正管理好多个跨平台自媒体账号，为企业的私域流量运营助力。

3.4 自媒体管理系统实操

乐通达官微中心自媒体管理系统根据企业数字化营销的需要，提供了账号管理、内容分发、数据分析等管理功能。

3.4.1 乐通达官微中心管理自媒体账号

乐通达官微中心自媒体管理系统通过添加社交链接的方式，将媒体号添加到企业的官微。添加媒体号有下列三种方式。

1. 关联

关联媒体号可以作为社交链接在你的官微、名片、乐通达中呈现，并能获取该媒体账号下发布的内容及数据（微信公众号和企鹅号例外，需要授权才能获取数据）。

2. 授权

授权媒体号可以通过媒体平台官方提供的渠道进行媒体号的授权（授权有效期30天），授权完成后可以通过官微中心将内容分发到各个平台。

3. 托管

对于部分媒体平台，官方没有提供授权发布的方式，可托管账号和密码，由服务商代运营，省去烦琐的操作。但是由于媒体平台的账号安全保护机制，可能会遇到需要验证的情况。

3.4.2 乐通达官微中心分发营销内容

图文文章可以通过点击分发按钮，并勾选想要进行分发的平台及账号，选择好时间之后，点击“确定”即可进行分发。在进行分发的同时，页面会同步跳转到相应的分发记录页面查看历史分发记录和执行中的分发进度（见图3-2）。

图3–2　内容分发记录

3.4.3　乐通达官微中心媒体数据分析

1. 媒体号内容

乐通达官微中心自动定时采集所有关联/授权媒体号下面的内容，以及包括每篇文章的浏览量、点赞数、评论数、收藏数、分享数等指标在内的阅读数据（见图3-3、图3-4）。

图3–3　媒体号内容与相关数据

图3–4　移动端媒体号内容与相关数据

2. 媒体数据分析

在媒体数据页面（见图3-5、图3-6），可以通过图表直观地查看数据分布状况及趋势变化，可以根据数据及时调整自媒体运营推广的策略。

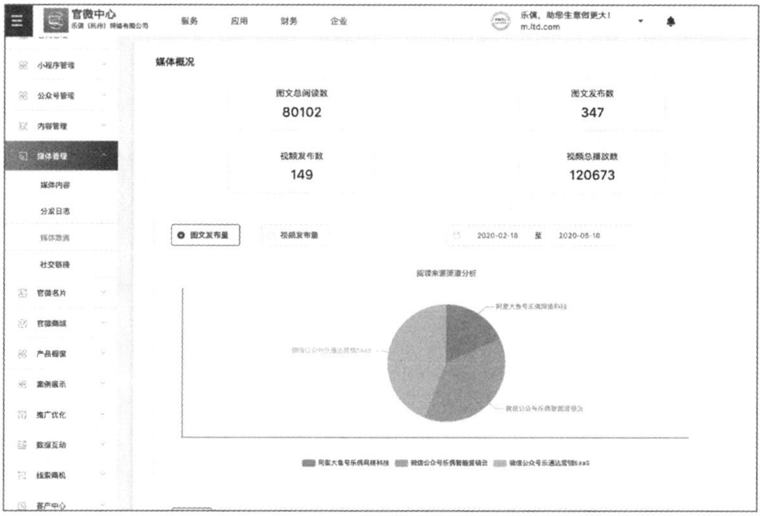

图3–5　官微中心媒体数据渠道分析

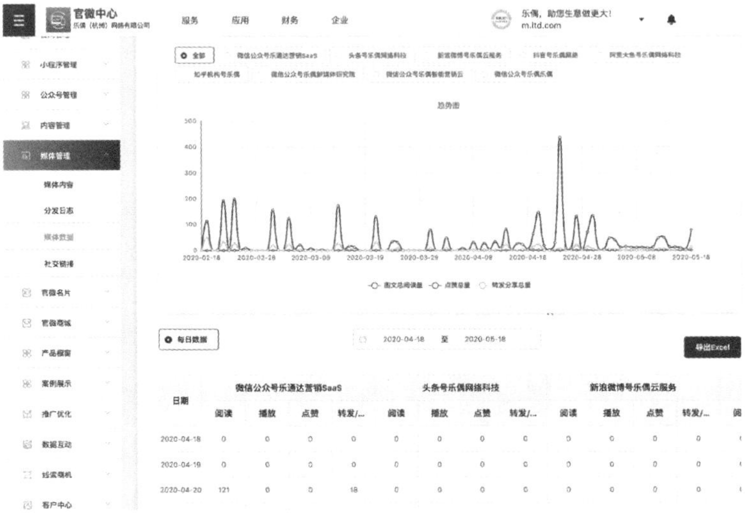

图3–6 官微中心媒体数据分析

这些传播与互动数据的分析图表同时也可以在移动端呈现（见图3-7）。

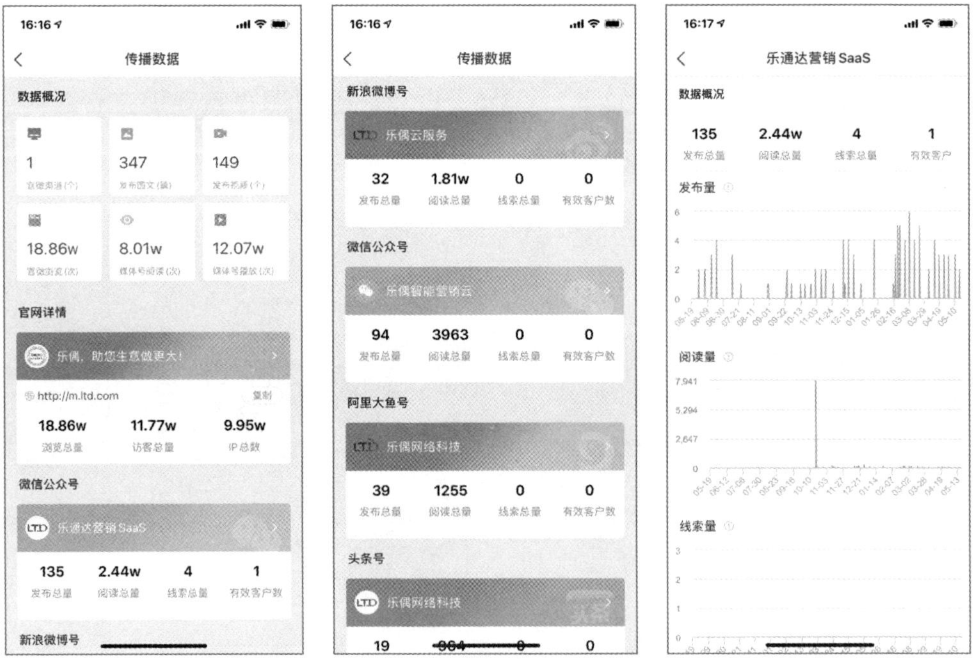

图3–7 移动端媒体数据渠道分析

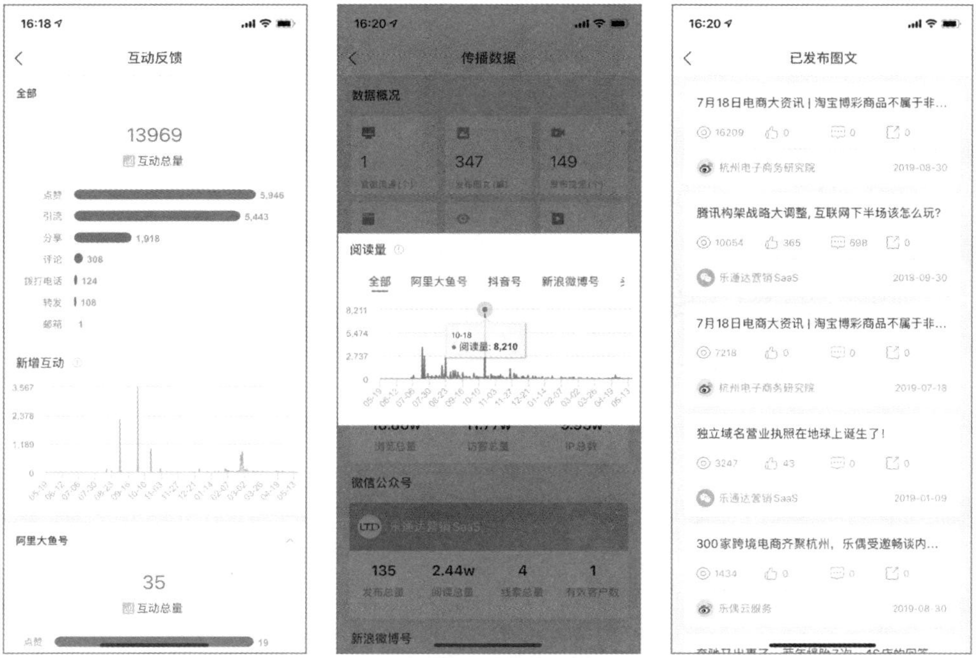

图3–7　移动端媒体数据渠道分析（续）

第4章

构建和管理数字物料的能力

要做好私域流量运营，企业就必须具备构建和管理数字物料的能力。企业的数字物料包括内容和数据。内容是表达生意的载体，想要成功地做成一桩生意，就要以内容为媒介把产品和服务具象化。数据是企业了解客户的途径，构建自己的“数据池”，可以为私域流量运营赋能。

4.1 用数字化内容表达自己的生意

如今，大众不仅对产品挑剔，对呈现产品的内容也同样挑剔。图文介绍不够“高大上”的产品，很难获得用户的青睐。图4-1是张太和官方小程序里的产品介绍，美图加上美文是否让你有了购买的冲动呢？

想要成功地做成一桩生意，就要利用媒介把产品和服务具象化，也就是把生意表达出来，让客户知道企业卖的是什么产品、提供的是什么服务，以及企业的产品和服务究竟有多好。换句话说，生意表达就是把产品、服务和品牌转化成内容，并利用互联网工具对内容进行管理和分发。而做好生意表达的第一步就是构建优质的数字化内容。

图4–1 张太和官方小程序里的产品介绍

4.1.1 什么是数字化内容

数字化内容包括文字、图片、视频、音频、游戏、H5页面、数据、海报等，这些内容形式各有各的优点。图文内容受众范围广，适用的分发渠道也最多；H5页面互动性强、传播性强，只需要一个链接就能实现平台传播；视频的信息量大，内容丰富，是当下最热门的内容形式；音频内容制作简单、门槛低。内容的形式多种多样，我们可以根据自己的需要和题材，去选择最适合的表现形式。

内容的题材是根据企业和品牌的诉求来定的，一般可分为干货、卖点、行业资讯、客户分享/口碑、营销活动、故事等。优质内容是吸引流量的关键，想要做出优质的内容，不仅要选择合适的形式，还要选择好的题材。

产品卖点和优惠信息固然能吸引一部分流量，但事件、情怀、价值观、趣味同样能够引发大范围的关注和传播。因此，我们在创作和构建内容时，除了关注产品和服务本身，还要多挖掘其他的相关因素，把产品与生活、潮流和热点结合起来。

我们必须重视内容，因为内容是企业的重要数字资产，企业的营销活动必须借助内容才能完成，优质内容可以为企业带来真正的私域流量。

4.1.2 一切围绕内容发生

用户购买产品的过程分为五个环节，它们分别是注意、兴趣、搜索、购买、分享。笔者通过观察和研究发现，这五个环节中的任何一个都离不开内容。

我们不妨回忆一下自己的购物经历。首先，我们会因为朋友圈里的广告等内容而注意到产品，并对产品产生兴趣。其次，我们会在互联网上搜索与产品相关的内容，了解更多信息。最后，我们决定购买产品并将产品链接、产品介绍等内容分享给自己的朋友。

笔者认为，在互联网营销中，一切都是围绕内容发生的，在用户购买行为的五个环节中，内容分别起到了不同的作用，并共同促成了成交（见图4-2）。

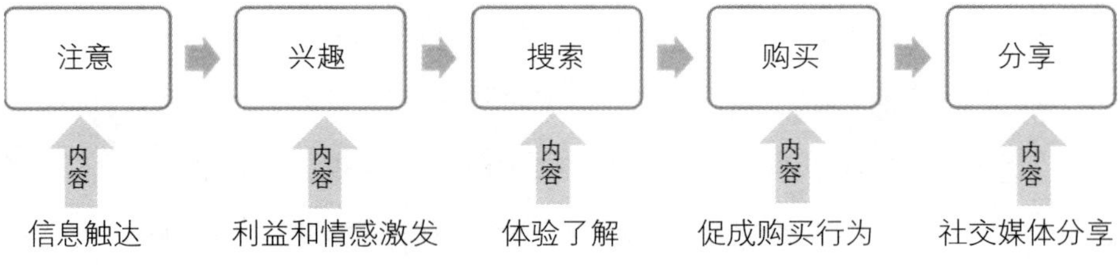

图4-2 内容在用户购买五大环节中的作用

从图4-2中，我们可以看出内容对于成交的重要性，内容是我们触达用户、链接用户、转化用户的关键媒介。在这个时间碎片化、流量碎片化的时代里，线上线下已经逐渐融合，用户可以利用互联网在任何时间、任何地点了解产品、购买产品。

在这种情况下，企业和商家与用户的接触点似乎越来越多，产品触达用户变得更容易了，但实际情况却是，留住用户变得更困难了。因为用户的注意力很容易被其他产品吸引，企业和商家必须持续不停地引流、获客，并想办法与用户保持长期关系。

此时，内容的重要性就体现出来了。我们都知道，获客的前提是让目标客户知道产品和品牌，而广告、软文等内容可以帮助产品扩大知名度；转化的前提是获得目标用户的欣赏和认可，内容能够塑造品牌的价值观和用户欣赏的生活方式，可以激发目标用户的共鸣和兴趣；复购和带新需要老客户的传播与分享，这也离不开内容的作用。

很多有着多年客户沉淀的企业，也需要借助内容运营和私域流量来为自己打开新局面，上海衡安企业登记代理服务有限公司就是其中之一。

上海衡安企业登记代理服务有限公司（简称上海衡安）是一家专业代理国内外企业登记注册与财务代理为一体的综合服务性公司。作为一家上海本土的企业服务商，经过多年的经营，它已经积攒了一批客户。但是为了进一步开拓新客源，上海衡安在2018年年初就通过乐通达营销SaaS系统搭建了自家全网私域营销的流量池积蓄体系，创建了全网官网、小程序和企业智能名片系统。

上海衡安在不断获取新用户的同时，让客户沉淀到自己的私域SaaS系统内，通过多渠道私域流量池的内容营销不断触达老客户，引导复购，形成流量闭环。

上海衡安选择乐通达的授权服务商——名炬企业管理（上海）有限公司提供的乐官微搭建服务和生意内容数字化服务，把所有的生意内容进行“表达”，然后把内容丰富到官微中心，同时分布到官网、多平台小程序及各个媒体平台的上海衡安官方媒体号上。企业服务行业的产品和服务相对来说是低频需求，但是企业老板需要不断了解新的政策和商业变化，上海衡安正是利用这一点，不断输出相关内容，进行分享传播。

上海衡安作为一家企业服务商，已经有了一定的用户基础，并且它的生意内容专业性较强，不具备大众化的特点，所以适合“话题专家”的玩法。

“话题专家”玩法到底怎么做呢?

首先是员工IP化。上海衡安的每个员工都是一个企业服务“行业专家”：上海衡安的员工利用官微名片对外输出统一的形象，并不断通过分享名片到朋友圈、微信群，进行“撩客”。良好的对外形象增加了客户的信任感，使客户转化率得到了提升。官微名片也为其积攒了很多老客户，并且官微名片的产品橱窗支持老客户随时复购。

其次是全渠道搭建私域流量池。上海衡安通过乐通达营销SaaS系统把自媒体平台、官网和小程序等全渠道的流量做了整合，然后搭建私域流量池，再汇集到营销SaaS管理后台。

最后是用户数据化。私域流量池的本质就是经营好用户关系，企业需要数据支持做更理性的决定，然后数据化赋能员工，用数据指导行动。上海衡安的成功源于企业经营多年的点滴积累的成果，也归功于它充分利用互联网，充分利用私域流量营销，把自己打造成了一家“大数据企业服务公司”。上海衡安掌握了自己的用户数据资产，就拥有了船只航行的舵，利用数据分析，调整企业发展方向。

接入乐通达营销SaaS系统一年的时间里，上海衡安官微中心后台收获近一万位访客，有完整联系信息、注册会员且有意向的共299位。通过乐通达营销SaaS中心进行媒体内容全网分发，系统自动回收的数据显示：图文阅读总量39 964次，视频播放/互动总量87 610次，转发分享总量474次（见图4-3）。

作为一家企业服务商，上海衡安依托其特有的行业优势，结合私域流量玩法，将品牌曝光度达到最大化，也获得了很好的获客效果。在接入乐通达营销SaaS系统，并尽享一系列内容营销和私域流量运营后，无论是新客获取还是老客复购，上海衡安都得到了明显的效果提升。

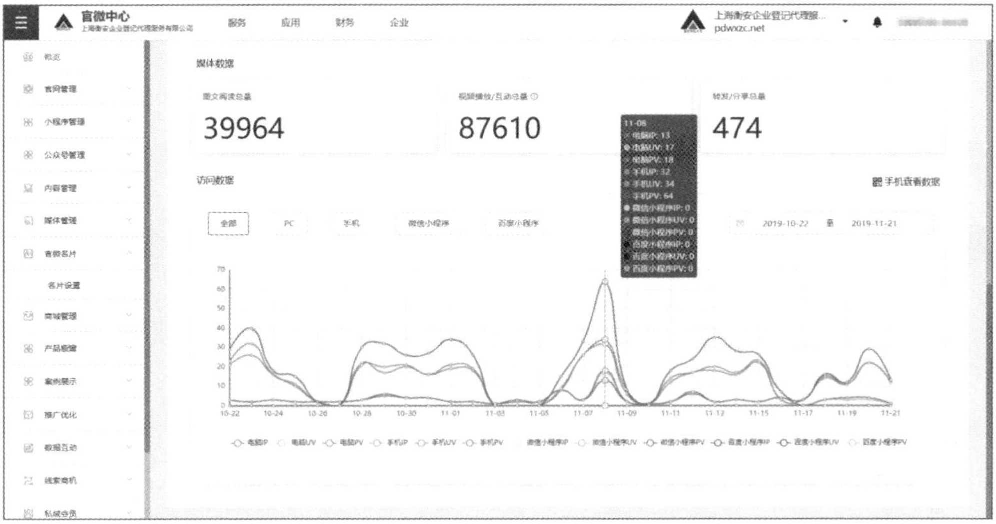

图4–3　上海衡安后台营销数据

如今的用户都藏在互联网的各个渠道中，我们的销售人员不可能和他们面对面交流，也无法凭借三寸不烂之舌来打动他们，因此我们必须借助内容去实现信息触达、获客、转化、复购和分享等销售流程。

4.1.3　打造爆款内容的“五字箴言”

很多企业管理者已经意识到了内容对于营销的重要性，并开始在内容质量上下功夫，力求打造出能够引爆流量的爆款内容。可是，在这个内容大爆炸的时代，没有人可以随随便便地打造爆款，我们必须不断学习和总结，正如《万万没想到》的作者万维钢所说：“对脑力工作者来说，水平的高低在于掌握了多少套路。”

下面为大家介绍一些打造爆款内容的套路，笔者把这些套路称为“五字箴言”。

1. 美

美是吸引用户关注的重要驱动力，在各大直播平台上，颜值高的主播拥有更多粉丝；在抖音等短视频网站上，颜值类视频都有不错的播放量；在淘宝上，好看的图片总能吸引更多点击；在朋友圈里，高颜值的“网红”餐厅、“网红”美食总能获得更多的“赞”。

可见，美丽的人和事物是自带流量的，我们在打造内容时，也要用美的特质来吸引用户。不管是人美、产品美还是图文美，都能帮我们吸引更多流量。而且，把内容做“美”了，还可以促进用户二次传播，进一步扩大信息的传播范围。如图4-4所示，“好利来”蛋糕制作了“高颜值”的七夕海报。

图4–4 “好利来”蛋糕的“高颜值”七夕海报

2. 热

“蹭”热点，是做内容营销绕不开的话题，但是“蹭”热点也要讲究方法，看到热点就乱“蹭”是行不通的。我们在“蹭”热点时必须遵循三个原则：

（1）热点要和产品/品牌调性相符。

（2）热点要和目标用户的需求相符。

（3）对于热点的看法和价值判断要符合时代主旋律，充满正能量。

想做到以上三点，就必须学会筛选热点、评估热点，判断哪些热点不能“蹭”，哪些热点要优先“蹭”。

一般来说，热点可以分为常规热点和突发性热点。节日、纪念日等固定的、可以提前准备的热点就是常规热点，自然灾害、新闻事件、爆料等随机发生的、不能提前准备的热点就是突发性热点。常规热点属于必“蹭”热点，我们可以推出相应的节假日营销活动。而突发性热点能不能“蹭”，就要看评估结果了。

那么，应该如何评估热点呢?

我们可以从影响力和相关性两个维度去判断。影响力的判断依据主要来源于百度指数、微信指数、头条指数、微博热搜榜等线上数据，它们可以告诉我们新闻事件的热度究竟大不大、值不值得去“蹭”。相关性则是指热点和目标用户、产品、品牌是否相关，相关性较小的热点对营销帮助不大，可以不必“蹭”。结合以上两个维度，我们可以做出一个四象限的图（见图4-5），来帮助我们排出优先级。

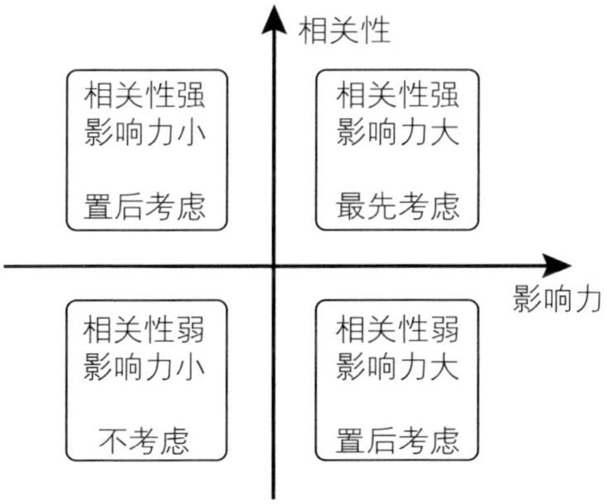

图4-5　四象限热点评估图

3. 暖

在生活节奏飞快的今天，归属感和安全感成了人们最需要也最稀缺的情感需求，因此，暖心的内容格外受欢迎。“暖”字诀的核心就是表达人文关怀，引起共鸣。我们要在内容中适当地添加情绪，加强用户的记忆，唤起他们的情感。

例如，快手的2019年跨年广告片（见图4-6），就用暖心的方式唤起了人们的情感共鸣。这部跨年广告片的主题是“在快手，看见每一种生活”。片中不仅有黄渤、谢娜等大牌明星，还有手工耿、卓玛等“网红”，他们在广告片中发表了自己的生活感言和生活态度。

图4–6　快手跨年广告片

在这部广告片中，人们的生活多姿多彩，有的人为成功而分秒必争，有的人偏偏喜欢做一些无用但快乐的事；有的人喜欢平凡稳定的生活，有的人偏偏要追求随遇而安的自由。而广告片传递的态度是：“生活没有剧本，每个人都有自己的活法。”这样的生活态度引起了很多年轻人的共鸣，这则广告也因此在朋友圈和微博刷屏。

4. 绝

这里的“绝”是指绝活，也就是有价值的、别人没有的东西。我们可以在内容中展现产品独特的卖点，也可以呈现有价值的干货。相信大家一定对《5分钟看懂内容运营》《一周内创业成功》等内容不陌生。

我们的朋友圈中时常会出现这类技巧和干货内容，不管它们的实际价值如何，但至少标题非常吸引人。这类内容的受欢迎，说明了人们对知识和技能的需求，所以，我们也可以利用干货内容来吸引流量、增强用户黏性。

只要我们的内容对用户有价值，用户就能被吸引、被留下来，因此我们在打造内容时要着重挖掘价值。如果我们的内容能够持续不断地为用户提供价值，那么用户就会持续关注我们，并愿意自动传播我们的“绝活”。

5. 趣

“趣”是指内容的趣味性。网上流传着一句话：“好看的皮囊千篇一律，有趣的灵魂万里挑一。”对内容打造来说，道理同样如此，只有让用户觉得有趣的内容，才会引发他们关注和购买的欲望。为了让内容更有趣，我们要在题材和形式上多下功夫，平时多收集一些素材，注意观察生活，学会运用逆向思维来制造反差和趣味。

除此以外，我们还要加强和用户的互动。在互联网时代，品牌也要个性化、形象化和趣味化，只有这样才能更好地拉近与用户之间的距离。所以，天猫的形象是一只可爱的黑猫，这只猫还有各种有趣的形象（见图4-7），人们也能通过它来加深对品牌的印象。

图4–7　天猫的有趣形象

以上就是打造爆款内容的“美、热、暖、绝、趣”五字箴言，只要掌握了它们，我们就能打造出自己的爆款内容。其实做内容的套路有很多，但核心无非需求和定位，只要我们能抓住质量点核心，就能以不变应万变。

如今，社会营销的环境发生了巨大变化，客户分散、渠道碎片化、流量红利逐渐消退，光靠线下的好门店和好产品已经很难获得新客流，我们必须要借助内容的力量，来运营好自己的私域流量，把用户留在自己的“池塘”里。

4.2 用数据为流量赋能，打造企业“数据池”

在本节开始之前，请大家先思考一个问题：“如何让流量的价值发挥到最大？”有人会说，我们要想办法提升转化率；还有人会说，我们要利用老客户做好拓客。总之，我们要留住用户，让他们购买产品、成为回头客，还要帮我们介绍新客户。

但是，实现这些目的的前提是：我们足够了解用户。

只有了解目标用户，我们才能有针对性地制定运营策略，让自己手中的用户流量发挥最大价值，而了解用户的最直接方法就是构建“数据池”，通过用户数据来洞察用户、分析和预测用户行为。很多企业管理者可能会说：“我们有自己的客户数据啊，为什么还要建立“数据池”呢？”在本节中，不仅要为大家解答这个问题，还要介绍构建‘数据池’的基本方法。图4-8就是乐通达的官微中心的数据统计，从中可以了解和分析企业客户情况。

图4-8 乐通达官微中心数据统计

4.2.1 企业为什么要构建“数据池”

每个企业都会有一些用户数据，但是很少有企业能真正说清楚自己到底拥有哪些数据，也并不确定自己掌握的数据是否能够真实地反映用户的情况。在有些企业中，甚至连部门间的数据都存在“壁垒”。而且，企业数据的来源多种多样，如果不加以梳理和汇总，就会出现数据混乱无法使用的情况。

笔者通过观察和总结，发现企业在数据管理和运用上主要有两大问题，第一个问题是数据复杂多样，第二个问题是数据割裂。

1. 数据复杂多样

企业的数据庞大而复杂，我们可以根据数据来源，将它们分为三大类。

（1）第一方数据。第一方数据包括订单数据、行为数据、产品等业务数据及外部工具产生的数据，它们的来源如表4-1所示。

表4-1 第一方数据的来源

数据类型	数据来源	举例
订单数据	ERP、CRM、电商系统中产生的各类交易信息	卡券、订单、购物车、退换货订单等
行为数据	用户在微信、网站、App、小程序等各类第一方触点上产生的行为	关注微信、提交表单、访问页面等用户行为
产品等业务数据	产品本身的数据，是做用户分析所必需的数据	产品库存和产品价格等
外部工具产生的数据	外部营销工具产生的数据	报名表单、邮件、微课堂、微店等系统产生的大量数据

（2）第二方数据。第二方数据包括合作系统传回的数据，如邮件或信息发送后，用户是否阅读或点击等；还包括合作媒体数据，如广告平台、视频网站、门户网站、垂直媒体等提供的数据。

（3）第三方数据。第三方数据是指服务商和供应商提供的数据，如来自数据平台、运营商等的数据。

2. 数据割裂

很多企业内部都存在数据割裂的情况，这给企业运营造成了很大的阻碍。数据割裂产生的原因主要是，不同的业务部门对用户数据有不同的用途和需求，因此他们所关注的重点也不同。例如，销售部门关注CRM（客户关系管理系统）的数据，营销部门关注各大自媒体平台的数据，售后部门关注客服系统的数据，而数据分析部门则重点关注数据仓库或客户行为分析工具产生的数据。

企业中各个部门面对的客户处于不同阶段，他们关注的数据不同，看到的结果自然也不一样。可是每个部门都只看自己关注的部分，不看整体，没有人完整地了解用户的情况，这就造成了数据相互割裂、相互孤立的局面。

这种孤立的、片面的数据对企业是非常不利的，它们会造成人力、物力和财力的浪费，降低企业运营效率。笔者在为企业做咨询时，曾遇到过这种情况：某企业想做一个微信客服小程序，需要用到几种不同的数据，结果提取数据时才发现订单数据在电商系统中，行为数据在网站后台里……

尽管这个小程序的开发一个人就能完成，但企业却不得不再安排另外两个开发人员从不同系统中提取数据、合并数据。在这个过程中，企业既浪费了时间、金钱，又浪费了人力资源。

因此，企业必须构建一个“数据池”，它不仅是企业高效运营的保障，也是企业重要的数据资产。

4.2.2 其他的数据工具可以作为“数据池”吗

看到这里很多人会说，我已经有了其他数据工具，这些数据工具可以收集和分析所有的客户数据，它们可不可以作为“数据池”呢？答案是否定的。

企业比较常用的数据工具分为“行为分析工具”和“数据湖”这两大类。

“行为分析工具”有很多种，它们的基本功能都是一样的，那就是收集和分析用户数据，并提供可扩展的数据结构，是互联网运营领域的重要工具。不过，“行为分析工具”也有一个很大的短板，它不能做跨渠道数据整合。虽然，“行为分析工具”会按照不同的渠道把数据存储在一起，营销人员可以看到各个渠道的数据，但是在处理数据时，“行为分析工具”会将数据隔离，还是无法把数据整合起来。

“数据湖”相当于一个存储各种原始数据的大仓库，其中的数据可供企业分析、处理和传输。虽然“数据湖”可以起到存储数据的作用，但其中的数据都是原始的、非结构化的数据，非专业人士很难看懂和使用这些数据。而“数据池”就不一样了，它不仅能收集用户数据，还可以将所有的用户数据统一，并对数据进行标准化和激活处理。通过“数据池”收集的数据不仅能够整合在一起，也可以按渠道切片保存。

“行为分析工具”和“数据湖”对企业来说都是十分实用的工具和资源，但是在构建流量池时，这两种工具就难以发挥作用了，要运营好私域流量，企业必须拥有自己的“数据池”。从图4-9我们可以看到乐通达官微中心对企业的媒体数据进行分析的结果。

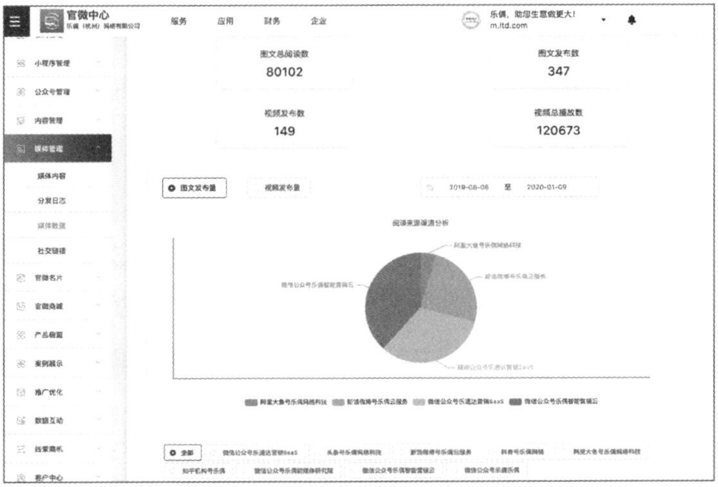

图4-9 乐通达官微中心媒体数据

4.2.3 数据池应该如何构建

构建企业“数据池”需要按照以下四个步骤进行。

1. 打通壁垒，构建全渠道数据

数据壁垒会让企业的运营受阻，因此企业需要构建完整的全渠道数据，企业各部分要共享数据来源，统一收集每个渠道上的用户数据，包括微信、微博、App、网站、线下门店、电商系统、支付服务、客服系统、客户管理系统等。然后，再将这些数据传递到各个部门、各个系统中，这样才能让数据在企业内部流通，打破数据壁垒。

打破数据壁垒可以让各部门对客户有更全面的了解，也有助于企业节约开发成本，提升运营效率，形成用数据说话的文化。

2. 归一化处理，优化数据

企业数据来源复杂，经常存在重复、缺失、跨系统数据值不匹配等问题，为了解决这些问题，我们要对数据进行归一化处理。归一化处理包括从数据源中清除错误和重复的数据，在企业内制定通用的数据标准。对数据的归一化处理可以帮助企业优化数据，提升数据的质量。

3. 构建用户画像

前面的两步是数据的筹备阶段，第三步就是数据的洞察阶段，这一步中，企业要构建用户画像。首先，企业要分析用户属性、用户行为等数据，并为用户打上标签，如用户喜好的产品品类、购买频率、偏好的购买场景、购买方式等。其次，企业要对用户的标签进行分析和统计，挖掘出潜在信息，勾勒出用户画像。

形成用户画像以后，企业就可以根据用户的特征和需求来制定针对性的运营策略了，营销人员和客服人员在与用户沟通的时候也能做到有的放矢。

4. 捕捉行为数据，补充用户画像

用户与企业的互动渠道变得越来越多，仅仅知道用户的喜好是远远不够的，企业还要补充用户的行为数据，才能实施更加精细化的运营。

捕捉用户的完整行为数据，可以让企业敏锐洞察客户意向，针对用户的生命周期来制定运营策略。而且，有了完整的行为数据后，企业还可以预测用户行为，并制定相应的运营策略。

“数据池”是私域流量池的基础，只有拥有高质量的数据，企业才能做

出正确决策，为用户提供更好的服务，进而留住用户并带来更多的流量。因此，企业一定要找到一个高效的工具，来帮助自己构建“数据池”，为流量赋能，发挥流量的最大价值。

4.3 实现营销物料的社交裂变

说到社交裂变，很多人肯定会感到一头雾水。事实上，社交裂变这个概念一点也不“高大上”，它发生在我们日常生活中的每一刻。

例如，下午三点，你想买一些新鲜水果当下午茶，你拿出手机，打开某家水果店的微信小程序，进入小程序后你发现这家店在做拼团活动，只需要拉5个人一起拼团，就能买到价格优惠的榴莲。于是，你立刻把拼团信息发到自己的好友群中，几分钟后就有朋友参加，拼团很快就成功了，而这个拼团的过程就是社交裂变！

简单来说，社交裂变就是让用户介绍自己的朋友来购买产品，而朋友还可以再介绍其他朋友，社交裂变是可循环、可持续的。因此，社交裂变能为企业和商家获取持续而稳定的用户流量，是一种比较靠谱的获客方式，也特别适合做私域流量运营。

在前面两节中，我们已经介绍了如何准备内容和数据这两种营销物料，接下来我们要看看怎样利用营销物料来进行社交裂变。

4.3.1 社交裂变的基础

俗话说，“巧妇难为无米之炊”，社交裂变不可能凭空发生，它必须具备一定的条件。社交裂变的核心是“分享”，我们通过活动和内容等营销物料来引导用户分享产品，实现吸纳新客户、提升客户留存率、增加收入的目的。要实现有社交裂变，我们起码要有一批种子用户、一件高频产品和一些优质的内容。

1. 一批种子用户

如果连种子都没有，怎么可能长出参天大树呢？社交裂变也是同理，必须要有一批种子用户，然后才能开始裂变。种子用户是靠前期积累获得的，如公众号引流、广告引流、线下获客等。种子用户的质量和数量，可以决定裂变的最终效果，所以我们在前期运营中一定要沉淀一批优质的种子用户。

2. 一件高频产品

高频产品就是使用频率高、消耗速度快、用户会经常回购的产品，这类产品裂变的可能性比较大。在营销领域有一句话叫作“高频带高频”，这句话的意思是高频产品会带动高频次的购买行为，复购率和带新率都会大大提升。所以，高频产品是比较适合做社交裂变的。

可是，汽车、房产、设备等低频产品就不能做社交裂变吗？当然不是！我们可以利用高频率的优惠和福利来做裂变，如每月补贴油费、送洗车券或提供免费维修服务等。优惠的频率高，也可以持续吸引老用户传播和新用户购买。

3. 一些优质的内容

如果我们没有产品或产品不适合做社交裂变，我们还可以利用内容来做社交裂变。我们熟悉的papi酱、罗振宇、李佳琦等“网红”都是利用内容来做社交裂变，并实现病毒式传播的。在本章的第一节中，已经介绍了如何打造爆款内容，这里就不赘述了。

4.3.2 社交裂变的玩法

社交裂变的玩法有很多，本节开头提到的拼团就是其中的典型。下面，给大家列举几种社交裂变的常见玩法，希望能对大家有所启发。

1. 带新有礼

老用户带领新用户购买产品后，双方均可获得物质奖励。奖励的设置有很多种，如阶梯奖励，老用户每带新1~3个人奖励20元/人，每带新4~6个人奖励25元/人，依此类推。图4-10为乐官微的“合伙人”活动。

图4-10　乐官微“合伙人”活动

2. 红包裂变

我们还可以借用红包来进行裂变。例如，老客户体验产品后可获得一个大红包，他可以把红包分享给自己的朋友。注意分享红包的步骤不能太复杂，最好三步以内就能完成。

3. 分享+免费体验

只要用户分享产品信息，就可以获得免费体验的机会，这种裂变方式适合虚拟产品和线上服务类产品，如线上课程、游戏等。免费体验的产品一定要选择最有特色且最有吸引力的，只有这样才能提升带新率和转化率。图

4-11为微信读书的“分享免费得读书卡”活动。

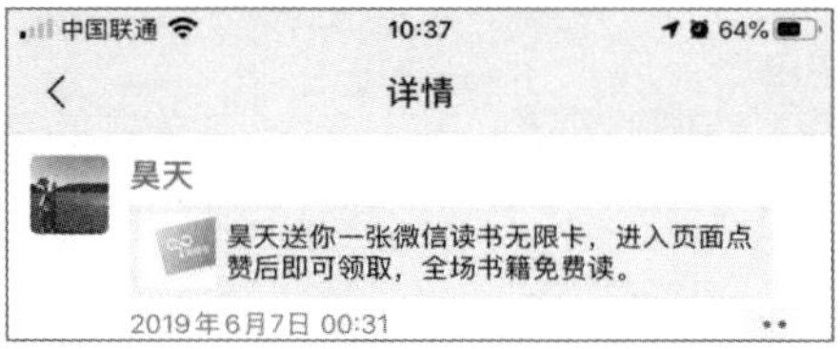

图4-11　微信读书“分享免费得读书卡”

4. 拼团

拼团就是我们很熟悉的团购，拼多多等App的主要卖货方式就是拼团。拼团的好处有两个，一是拉新，二是实现付费加转化。拼团方式有很多种，最常见的两种是个人开团和用户参团。个人开团要求用户自己找朋友拼团购买，可以达到拉新的目的。用户参团是用户直接参团，商家会在商品页面上显示“还差××人成团”，这样可以给用户带来紧迫感和稀缺感，直接促成转化。

拼团的商品一般都是比较实用而且大众化的东西，这样的商品受众广，比较容易成团。不过，当成团困难的时候，商家要安排人员配合，提高拼团成功率，以达到增加销售量的目的。图4-12所示为乐通达官微小店拼团商品。

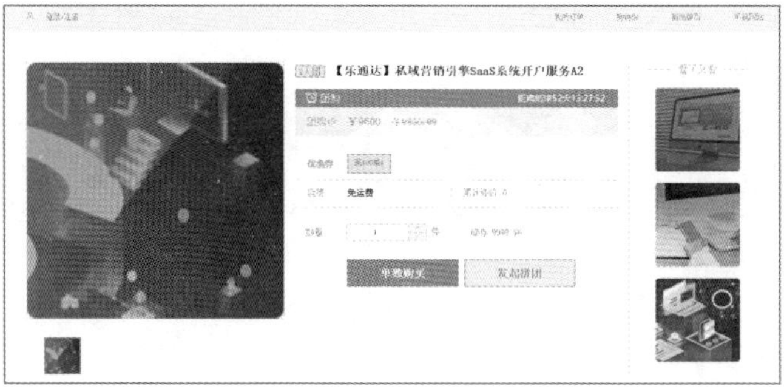

图4-12　乐通达官微小店拼团商品

5. 积分换礼品

当用户获得一定积分以后，可以用积分兑换一定的奖品。用户获得积分的方式多种多样，如购买产品、分享页面、完成特定任务、签到、转介绍等。对于中小企业来说，积分兑换礼品的玩法可以控制成本，还可以有效激励用户，增加其余流量的活跃度。

6. 分销

分销就是让老用户将产品链接分享出去，当其他人通过他分享的链接购买产品后，老用户就可以获得返利分成。例如，A把一个产品链接发给B，B下单购买产品后，A会获得一部分收益。B也可以继续分享产品链接，并获得返利。不过，要注意的是，分销链接或文案不能有明显的诱导倾向，分销系统也一定不能超过三级，很多平台是不允许商家或企业进行三级分销的，而且三级分销存在一定的法律风险。

用户的大幅度增长不是一朝一夕就能实现的，但社交裂变可以加快用户增长速度。如果说内容、数据等营销物料是私域流量运营的基础，那么社交裂变则是扩散和传播营销物料的最佳方法。

第5章 构建官网的能力

在自媒体营销时代，企业官网似乎已经过时，也很少有消费者会专门登录官网，那么企业还有必要建立官网吗？答案当然是肯定的！因为官网就是企业的一张名片，它不仅能起到宣传和展示作用，还可以让企业形象更加“高大上”，让用户对企业更加信任。所以，企业不仅要建设官网，还要打造曝光度高、用户喜欢的官网。

5.1 企业为什么一定要建官网

互联网营销的意识已经深入人心，私域流量运营的概念也逐渐兴起，各大企业和商家纷纷抢占自媒体平台，企图在微信、微博、头条、抖音等热门渠道上截获流量。有的企业不仅有抖音号、微博号、微信公众号、微信个人号，还有知乎号、头条号，这些企业恨不得把所有的平台都注册一遍，可是却偏偏没有官网。

在很多人的观念里，即使没有官网，企业也能通过自媒体平台把宣传做得很好，而且官网并不能为企业带来很多流量，所以大家普遍认为建设官网是一件费力不讨好的事。在自媒体时代，企业好像已经不需要官网了。

事实真的如此吗？

我们不妨假设一下，假如你在自媒体平台上看到了感兴趣的产品，接下来你会做什么呢？我想大多数人都会在搜索引擎上搜索产品和企业的相关信息。如果企业不仅有官网，而且官网在搜索结果中排名靠前，那么你对企业的印象会如何呢？

看到这里，相信很多人已经开始对官网的作用有了一个模糊的认知。没错，官网就是企业的一张名片！官网不仅能起到宣传作用，还是重要的“门面担当”，它可以让企业形象更加“高大上”，让用户对企业更加信任，让产品得到更全面的展示，让用户可以直接与企业对接……

总而言之，企业有官网的好处很多，建设官网是现代企业必须要做的一门功课！

5.1.1 建设官网对企业有什么好处

建设官网对企业有百利而无一害，具体来说，有以下几点好处。

1. 有序地、及时地、全方位多样化地展示企业信息

企业网站上可放多种内容，如公司简介、公司产品、公司新闻、组织结构、企业文化，展示企业的背景、规模及当前的经营情况，详细介绍项目的背景、技术和进度。这些内容可以用文字、图片、视频、电子名片、三维模型等形式展示。并且，所有的内容都可以借助良好的官网架构设计非常有序地展示给人们，其逻辑性是其他宣传方式不可能达到的。

2. 获得用户的信任，放大品牌影响力

没有信任，就没有交易，一个好的企业网站无疑会提高客户对企业的信任。对企业或产品存有疑虑的时候，客户是非常希望能在搜索引擎中搜索到这个企业的官网的。企业网站对于外贸企业尤为重要，因为国外客户对独立网站的信任程度，远远大于我们的想象，他们非常在意企业的资质。所以，企业不仅要做网站，而且一定要做好。

3. 不受时空、地域限制地宣传企业

这点是相对于传统宣传方式来说的，如广告牌、电视广告、宣传册等手段都受地域和时间的限制，而企业网站则不会。企业网站建立后，任何时间任何地方的人只要有网络就可以查看，特别是在移动互联网时代，人们随时随地都可以用手机通过浏览器、扫码、App跳转等方式访问企业网站。

4. 帮助企业打造品牌文化

很多企业都利用网站来打造自己的品牌，展示企业形象、传播品牌文化、提高品牌知名度、帮助宣传企业形象和产品服务。企业网站在提高企业知名度和品牌方面的作用是有目共睹的。没有网站的企业、搜索引擎搜不到的企业在一定程度上是不受人信赖的。特别是外贸企业、跨国企业，必须要有自己的网站，否则企业对于国外客户来说就是一片空白。

5. 企业可通过官网实现营销

企业网站本身就是一种广告，尤其是能够在搜索引擎取得排名或进行付费推广的网站，广告效应非常显著。企业网站可以向用户全方位地展示产品或服务，让用户知道我们是谁，是做什么的，向用户说明我们的优势是什么，功能有哪些，能达到哪种效果，满足客户的哪种目的，从而促使产生商机或购买欲望，促进企业产品销售。营销型的网站可以帮助意向用户获得销售线索，直接在线促成订单。

6. 为用户提供购买咨询、使用说明、售后、相关下载等服务

用户浏览官网的时候可以随时联系企业，企业客服也可以随时为客户提供资讯和服务，这可以有效地留住有购买冲动的客户，增加销售成功的概率。目前，很多企业的产品说明、下载等服务都是通过网站给用户的，如某些电子产品的使用说明、电脑的驱动程序下载。对于用户来说，一个拥有可提供售后服务的网站的企业，是更值得信赖的。

总之，企业网站的作用是巨大的，所以制作企业网站是每个企业都要做的事情。北京京师征地拆迁维权中心就与乐通达营销SaaS授权服务

商——杭州乐通达网络有限公司合作，共同打造出了官网，实现了拓展客源的目标。

律师数量的大幅增长、地域和规模占比不均衡等问题，让律师行业的营销迫在眉睫，而传统的、基于人脉的营销模式已经失灵，因此传统法律服务机构需要通过新的营销手段来吸引客户。北京京师征地拆迁维权中心就选择了搭建官网、自媒体矩阵和个人官微来进行全渠道营销。

律师一直是一个知识门槛较高的行业，所以在其网站搭建的时候，尽量采取有冲击力的配色及文字，然后结合案例及资质，增加权威性、可信性，再在页面明显位置增加联系电话、表单、在线客服等线索收集工具，形成线索归集。图5-1为北京京师征地拆迁维权中心官网。

图5-1　北京京师征地拆迁维权中心官网

当然，除了官网，京师拆迁律师团队还通过乐通达营销SaaS中心，搭建了媒体矩阵，并输出内容进行分发。官网加自媒体渠道全面发力，让律师们能够在当事人看得见的地方、用当事人听得懂的语言讲法律，并因此获得了当事人的认可，真正实现了法治理想的传播。

仅半年时间，京师拆迁律师团队通过乐通达营销SaaS，获得官网访客

43 196位，获取到真实案源线索52条（见图5-2），获得数十条真实案源线索反馈及咨询留言。

图5–2　北京京师征地拆迁维权中心的后台营销数据

官网和自媒体矩阵的建立，让北京京师征地拆迁维权中心能够从多渠道进行品牌展示，实现内容统一输出，宣传物料集中管理，取得了相当不错的营销效果。

5.1.2　自助建站，还是定制建站，企业该如何选择

目前，企业的建站方式大致可分为自助建站和定制建站两种。自助建站，又称自助模板建站，就是通过已经做好的模板来搭建自己的网站。用户不需要懂代码，只需要通过在线编辑，选择适合自己或喜欢的框架、界面及功能栏目等来建设自己的网站。

定制建站，是指网站建设公司根据客户的需求，通过调查整个行业的形式和未来的发展趋势给出全套的网站建设解决方案，并完成整个网站的设计和制作。简单来说，就是专门为客户量身定制网站。

那么，企业应该选择哪种模式来建立自己的官网呢？下面，我们来了解一下自助建站和定制建站的区别。

两种建站方式的不同之处有以下三点。

1. 建站周期不同

自助建站主要靠用户自己操作建站，一般来说，从熟悉操作流程到修改成自己满意的网站大概需要一周左右。如有需要，自助建站平台也会提供代建服务，完成的效果自然比用户自己操作得要更好。

定制建站的开发周期相对较长，至少在15个工作日，如果网站功能复杂的话，甚至需要几个月也有可能。

2. 投入费用不同

自助建站投入的费用较少，现在大多数自助建站都是免费的，不过免费版功能受限制，付费版的功能更多一些，但价格也不会很高。根据市场行情，第一年费用通常只有几百元（根据网站功能复杂程度，自建网站价位在600~1 200元不等）。

由于定制建站是建站公司根据客户需求建设个性化网站，建站时间长，要求严格，因此费用也就高一些。

3. 搜索引擎优化设置不同

虽然同质化比较严重，一个模板被多个人使用，但大多数的自助建站平台已经融进了SEO（搜索引擎优化）思路，企业建站后不需要自己进行技术维护。

定制建站的前期建设需融入SEO思路，这样才能有利于搜索引擎的收录。所以，定制建站的优化难度较大，虽然自由度更高，但是需要懂代码的专业IT人员来进行。

以上便是自助建站和定制建站两个类型的区别，那么企业应该如何选择呢？笔者的建议是，选择自助模板建站。对于中小企业来说，自助模板建站需投入的成本更低，既有免费自助建站系统平台，也有一个模板几百元费用的平台，在网站建设行业中，模板建站相对于定制建站方式是极具价格优势的。

用模板自助建站，建好到使用的时间很短，因为模板都是可以直接套用的，基本不需要太多的改动。对于很着急的客户来说，也是选择之一。我们都知道，一个网站是需要不断维护、不断优化的。而模板建站的网站就不需要自己去进行技术方面的优化，平台系统升级，自己的网站也会随着升级更新。选择自助建站，不需要费心维护，也能让企业官网的安全更有保障。

综上所述，中小企业建设官网的最好方式是自助建站。不过，我们在自助建站的过程中也不能完全甩手不管，还是要有自己的想法，并学习一些网站建设的基本思路，了解一些基本概念，这样才能给建站服务商提出具体的要求，让企业官网按自己的思路建设。

5.1.3 如何挑选自助建站系统平台

有需求就会有市场，越来越多的企业需要自助式、傻瓜式的建站方法，所以各大自助建站系统平台纷纷走进企业管理者们的视线。面对这么多的自助建站系统平台，企业怎样从中选择出最优的那一个呢？下面的三点建议可以帮助企业选出最佳的自助建站系统平台。

1. 选择操作简单、自由度高的平台

自助建站的主要方式是基于平台的模板，大多数的自助建站系统平台都会有大量的模板供用户选择，选择之后可以在此基础上插入文字、图片、视频等内容，并通过添加动画等特效来实现网站制作。很多自助建站的模板只能换图换文字，不支持自由布局，在使用上受到很大限制，这是我们首先需要避免选择的平台。优秀的自助建站系统平台不仅操作简单，自由度也很高。

2. 选择功能强大的平台

有的自助建站系统平台还提供一站式的服务，在选择自助建站平台时可根据自身的需要来选择相应的服务需求。例如，贰贰官微建站（gw.22.cn）就可以为企业提供“PC官网+移动H5官网+小程序+熊掌号+公众号官网+自媒体号管理”六大建站服务。再如，乐通达可以通过拖拉产品组件帮助客户快速建站。

3. 选择专业性强的平台

平台达到专业的水平，那肯定是既易用又功能强大，经过无数次检测过的平台肯定是值得研究和深入探讨的。专业的事交给专业的人做，效果肯定会大大提高。资深的研发团队提供技术支持，保障系统安全、稳定、可靠，这是选择自助建站系统平台时最重要的一点。

总之，如果你有预算，就选择服务功能强大的平台；如果你预算有限、略懂技术，那就选择一个支持多、功能强大、支持二次开发的平台；如果你既没有预算也不懂技术，那就选择操作既简单功能又强大的自助建站系统平台。相信总有一款适合你！

5.2 如何打造一个用户喜欢的官网

企业应该怎样打造一个用户喜欢的官网呢？或者说，什么样的官网才能对企业的形象起到积极作用呢？图5-3为“2019深圳设计周”的官网页面，这个官网不仅美观大方，而且十分贴合主题。展览信息的展示方式也十分新颖，访问者只需点击海报就能浏览展览信息。最重要的是，这个官网在手机上的适配效果同样出色，这样的官网无疑是受用户欢迎的。

本节，笔者将和大家共同探讨如何打造一个用户喜欢的官网。首先，我们要了解建立官网的基础，也就是打造企业官网的三大要素。

图5-3 “2019深圳设计周”官网页面

5.2.1 打造企业官网的三要素

一个企业的官网必须具备域名、服务器、网站架构这三大要素，它们是构建网站的基础。

1. 域名

域名是与网站建设密不可分的，空有网站而没有域名，用户是无法访问的，就好比你有一个房子别人却不知道在哪儿是一个道理。只有将域名解析到网站所在的空间，用户才能根据域名地址来进行访问。域名就好比我们的家庭住址，如果我们的地址十分复杂，相信很少有人会记住；如果住址简单，来访者只要看过一遍就会有印象。

域名的选择其实也是一样的，我们在选择域名时一定要挑选与网站主题相关、简单易记的，这样在用户访问后如果想下次继续访问，直接输入域名就可以了，可以大大增加用户的回头率。

2. 服务器

服务器空间对于网站建设是重中之重，选择服务器除了看品牌、看价格、看质量，还要看稳定性和安全性。如果一个网站三天两头打不开或被攻击，那么这个网站还能做出效果吗？相信也不会有用户愿意来访问这样的网站。

许多用户为了节省时间会选择海外服务器，这样确实省下了备案的时间，可以让网站提前进入运营状态，但是海外的服务器在稳定性与安全性方面与国内的还是无法比拟的，所以不要为了节省一点备案时间而为后期的网站维护带来诸多麻烦。

3. 网站架构

在建网站时，我们要在脑海中有一个大致的构架：网站的主题是什么？怎么样布局？颜色搭配？关键词如何选取……这些都需要去细致考虑，还需要去分析其他竞争网站的构架，还要分析哪些关键词会带来流量、哪些是冷门词、如何拓展词库等。

了解了构建官网最基本的三点以后，我们来看看企业官网的页面应该怎样布局。

5.2.2 网站首页布局要符合用户体验

网站首页是影响网站排名的重要因素，它在各个因素中占比高达40%，因此我们一定要重视官网的首页布局。既然官网首页布局这么重要，下面我们就来看一下官网首页该如何布局，才能符合用户体验，才能对网站排名有所帮助。

1. 首页的内容要清晰，直接表达出主要内容

首页是一个网站最核心的页面，指引着用户对网站进行深入的了解。首页的内容一定要简洁，让访问的用户一眼就能看出主要的内容是什么，或者

哪一个栏目说的是什么内容，然后就会在对应的栏目找到想要的内容。首页在内容的建设上要注意一个问题，就是只有一个主题，提供一种服务。例如，张太和公司的网站（见图5-4），用户一看就知道这家企业是卖滋养补品的。

图5-4　张太和官网

2. 首页的长度要注意，不需要太长

互联网中有些网站的首页，很精美，但是长度太长了，而且什么内容都有，把能想到的内容都往首页添加，拉了好几屏才可以到底部。站在网站角度来说，这样精美的页面的确很好看，不过站在用户体验的角度来看，这种页面在进行访问的时候，难免会觉得太长，会影响继续访问下去的兴致。首页的设计主要是要以简洁为主，美观是次要的。在网站建设的时候，页面的整体设计和网站的权重一样重要。所以，首页的设计想要符合用户体验，长度要适中。

3. 首页的导航设计及logo的设计要突出

一个网站的导航及logo是用户访问网站时引导操作的模块。所以，很多企业在设计logo时，喜欢将网站的联系方式放在logo旁边，这样会使logo看起来杂乱无章，分不出是logo还是联系方式。对于顶部的处理可以适当添加一些相关信息，但是尤其要注意不要掩盖了logo的风采。首页的导航设计也要突出。导航中的字体一定要适中，符合用户的阅读习惯。

4. 首页的布局要有利于蜘蛛的爬行抓取

如果不适用自助建站，而是使用定制的形式来建站，就要考虑到首页的布局是否利于蜘蛛（又称爬虫，抓取网页的程序）的爬行抓取，我们应该采用div+css样式，然后使用html语言编写，尽量采用静态页面。这些都是有利于搜索引擎蜘蛛抓取的。但是有的人为了让网站页面更加炫酷美观，往往会使用大量的JS特效。而JS的代码，对于搜索引擎而言是很难抓取的，因此排名自然也会没有了。

5. 网站的友情链接只在首页出现

在建设网站的时候，将友情链接设置在每一个页面上，这是错误的做法。有经验的站长都是将友情链接放在首页的底部，而且是只放在首页。

网站建设中，我们可以多参考以上五个方面，让首页的布局更符合用户体验，做好了首页的布局，对网站的排名有很大的帮助。当然我们也可以选择自助建站平台，成熟的自助建站平台在各个方面已经将利于搜索引擎抓取的因素包含在内，使用这样的建站平台，不仅可以减少成本，后期的优化工作也会做得很轻松。

5.2.3 怎样提高网站的页面质量

想要改善一个网站页面的质量需要从用户体验、网站内容和网站设计等方面入手。网站设计的页面质量的提高与网站基础体验效果有着密不可分的联系，如网站页面的打开速度、网站页面内容的布局、功能性、色彩搭配等都会影响用户访问官网的体验。下面为大家介绍提高网站设计的页面质量的四个切入点。

1. 对目标用户的了解和分析

网站后期转化的主要来源是网站的搜索引擎，所以网站设计时设计师需要对目标用户进行深入的了解，必须知道用户的需求和喜好，然后在网站设计中体现出来。这样设计出来的网站页面才会受到用户的欢迎从而提高网站页面的质量。

2. 重视网站内容的原创性

互联网时代，很多资源都是共享的，我们会在不同网站上看到相同的内容。要想提高网站页面质量，就要尽可能写原创文章。尽量在文章中加入自己的想法，并且内容要与本企业相关。这样用户在浏览网页时，不仅会觉得眼前一亮，还会获取很多额外的信息，从而打造与其他网站的差异性。例如，张太和官网就有许多原创内容。

3. 重视页面的展示效果

打开一个网站页面，首先进入用户视线的就是整个页面的展示效果。如果页面展示效果特别差，即使内容再好，也无法引起用户的兴趣，或者频繁跳出广告页面，也会让用户有种不舒服的感觉。所以网站页面的布局也相当重要。

4. 重视网站内容的时效性

网站的时效性要根据具体网站具体分析，如果是新闻、旅游、电影等流量大、信息时效性强的行业，网站内容更新就要快；如果是企业站点、医疗站点等信息时效性不强的网站，就不需要频繁更新。总之网站的时效性价值必须要满足用户的需求，否则企业就难以和用户产生共鸣，也不能够流行传播。

做好首页页面布局，提高网站页面质量，既能提升网站的整体质量，又能为网站带来更多的流量，并最终将流量转化为销量。

5.3 如何提升网站曝光度

笔者有一位朋友，他开了一家贸易公司。近段时间，他发现公司的订单减少了，就连之前很有意向的客户，也突然不再联系他了。他检查了公司的各个环节，并没有发现明显的问题，产品质量和服务质量并没有下降。由于始终找不到原因，这位朋友给笔者打了电话，希望从笔者这里得到一些建议。

听了朋友的情况后，笔者问了他一个问题："你公司的官网怎么样？在搜索引擎上能通过关键词找到你的公司官网吗？"朋友试着用关键词搜索后发现，自己公司的官网根本不在搜索结果的前几页，网站没有曝光率，目标用户找不到网站，自然就没有生意。

企业做官网是为了利用互联网资源获取更多的潜在用户并树立品牌形象，但是，我们不得不面对一个事实，那就是在数不清的企业官网中，有相当一部分网站是无人问津的。为什么会出现这种情况呢？因为，这些网站和笔者朋友公司的网站一样，排名靠后、没有曝光率。

而影响企业排名和曝光率的核心原因就是网站权重下降了。网站权重是网站在搜索引擎中价值的表现，权重越高，在搜索结果中排名越高，曝光率越高，用户就越容易找到网站。图5-5为关键词"洗碗机"的百度搜索结果。

图5–5 "洗碗机"百度搜索结果

5.3.1 影响网站权重的四大因素

做SEO的都知道网站权重对于收录、排名乃至网站的引流转化起着很重要的作用。论坛里经常有站长吐槽，网站被降权了、收录下降了、排名下滑了，等等，到底哪些因素影响网站的权重呢?

1. 网站结构

对于SEO来说，网站的结构是非常影响蜘蛛爬行抓取的，如果蜘蛛爬行不顺利，难以对其进行索引，则蜘蛛会厌恶网站，搜索引擎则会认为该网站价值不高，对其不友好，这对权重的影响较大。

2. 原创度

原创度对SEO来说有多重要，相信大家都知道。原创内容是吸引蜘蛛的根本之所在，网站建设初期更是要吊足蜘蛛的胃口，以原创文章填充网站，这样才能引起蜘蛛的兴趣，进而对网站的权重提升起到积极作用。

3. 更新频率

内容原创度够了，内容质量高了，那么网站更新的频率也要稳定，并且积极。网站更新是为了吸引蜘蛛的到来，一个正常的、稳定的、积极的更新会让蜘蛛认为网站是存在活力的，是有价值的。对于用户来说，也可以让用户感到网站是“活”的，是在不断更新的，新的内容才能不断吸引用户。

4. 域名年龄

现在搜索引擎越来越喜欢那些存在10年以上的老域名，这些域名能让蜘蛛觉得其具有权威性。这样的网站在后期权重提升上倒是与一般的域名无异，只是老域名的初始权重高，或者说权重补偿值很高，初始获得权重更快。

5.3.2 网站被降权的六大原因

了解了影响网站权重的几大因素以后，我们再来看看哪些行为会导致网站被降权，这对我们以后运营和维护企业官网具有重要的指导作用。

1. 服务器的稳定性不强

如果网站的稳定性得不到保证，那么用户和搜索引擎蜘蛛访问官网的时候，就会影响用户的浏览体验和蜘蛛的抓爬，搜索引擎会因此认为此网站对它不友好，网站被降权就成为必然。

2. 首页的标题大幅度修改

如果网站的标题被大幅度修改，那么当搜索引擎蜘蛛来访时，就会认为这又是一个新站，会重新收录网站内容，网站自然也会被降权。

3. 网站链接大量修改

如果我们在短时间内，大量删除或大量增加外部链接，会直接影响我们自己的网站，所以我们要合理地链接外部网站。

4. 网站过度优化

如果网站上大量堆砌关键词，也会影响权重。例如，锚文本链接的一些文章中出现了大量的关键词，会直接导致网站权重下降。

5. 大量采集的文章

有些网站喜欢从别人那里收集大量的文章，然后改一下标题，这种做法会受到百度“飙风算法”的打击，网站也会因此被降权。

6. 非法及不合规的信息

色情、赌博、暴力、违法广告、挂黑链等非法和不合规的信息会被搜索引擎屏蔽，用户将搜索不到该网站。

5.3.3 提升企业官网的百度搜索排名的方法

企业的网站是展现企业品牌曝光的一种途径，很多客户对于企业的印象就来自它们的网站。如果网站建设得比较好的话，不仅能够赢得客户的信赖，也可以直接提升转化率。因此企业网站的排名提升就显得尤为重要，特别是在一些中文搜索引擎当中的排名。

如果企业的目标用户群体都是国内客户的话，那么企业官网在百度搜索中的排名就显得非常重要。百度是国内的常用搜索引擎，所以我们要针对百度做好官网的搜索引擎优化。

1. 关注网站的更新频率

很多网站虽然架构和页面设计都很不错，但是长时间不更新，百度排名也会非常靠后，所以我们应该经常更新网站，这对提升网站排名有非常大的作用。笔者建议大家在更新网站的时候，应该选择原创内容，不要去随意复制其他网站的文章，因为网站的原创性也会影响百度排名。

2. 选好关键词

如果这个关键词精准的话，用户搜索到网站的概率就大。还有一些用户会通过搜索网站的标签来找到网站，所以我们在选择网站标签时也应该慎重。

搜索引擎经过多次迭代升级，算法已经趋于完善，对于各种作弊手段的检测方法越来越多，所以，我们在运营官网时一定要注意规避本节中提到的几种降权行为，并努力做好优化，提升企业官网的排名和曝光率。

5.4 如何打造企业移动端官网

移动互联网的出现大大方便了我们的生活，因为我们可以不受时间、地域、设备的限制，随时随地看新闻、看视频、玩游戏。在这样的大环境下，企业靠仅有的电脑端网站来实现网络营销是远远不够的，因此就需要跟上时代发展的步伐进行移动端官方网站的开发。

要想实现获客，首先要保证手机网站足够优秀，这样才能与用户建立黏度。接下来为大家介绍，一个优秀的移动端企业官网应该具备哪些特征。

5.4.1 优秀移动端企业官网的特征

1. 内容简洁新颖

用户是否喜欢一个网站，取决于运营者是否真正解决了用户的问题，因此，无论是PC端网站还是移动端网站，内容建设都是最重要的。当然，内容只是一个优秀网站的必备条件之一，因为竞争对手的网站也是如此。

在具备相同条件的情况下，能够让企业胜出的一点，便是网站的内容是否符合用户的需求。移动设备的屏幕较小，内容简洁明了，用户一眼便能明白其中的含义，这才是移动端网站建站的精髓。

2. 打开速度快

智能手机已经成了我们生活中不可缺少的工具，手机不再仅仅用来打电话，更是我们获取信息的主要工具。因此，我们在某个界面的停留时间不会太长，这就要求移动端网站的打开速度要快，才能增加用户对网站的好感度，而且百度的“闪电算法”对网站的打开速度也有一定的要求。当然，要保证手机网站的打开速度，除了服务器要好，移动端网站的数据和代码也要尽量精简。

3. 设置网站客服

不论是在PC网站还是在移动端网站上，网站客服都是非常重要的一个角色。这是由于许多用户在访问网站后，如果确定了里面有他们需要的产品和信息，但是心中有许多疑问，自己又懒得去一个个找内容解决，通常最简单的办法就是利用网站的在线客服，与企业直接进行沟通，通过客服来解决自己的问题。这样既简单又方便，并且任何用户的疑问都能得到解答。当然前提条件是企业必须安排专人来做这项工作。

4. 定位布局清晰

网站最忌讳的就是主题表达不精准。制作手机网站的时候界面要尽量简洁，布局清晰，井井有条，这样用户可以一眼看懂这个网站是卖产品的还是一个新闻网站，提高用户的体验效果，让用户对我们的网站更加信任和满意。

因此，优秀的手机网站可以给用户提供更好的体验，帮助用户更好地解决需求，从而为扩大企业的影响力起到推波助澜的作用。另外，越是优秀的手机网站，用户的信任感和忠实程度就越高，这对于企业宣传品牌形象、积累用户口碑是非常有帮助的。不难看出创建一个优秀的移动端网站是一件多么重要的事情，所以如果你的移动端网站还不够完美，就赶紧修改起来吧！让你的手机网站成为你互联网营销的利器。

5.4.2 制作移动端网站的注意事项

不少企业已经将自己的网站进行了适配，符合手机浏览用户的浏览习惯，但是还有大多数企业的网站并没有开发移动端呈现效果，这样就会导致流失一部分获客流量。下面，就给大家介绍一下在制作手机网站的时候需要注意的几个重要的问题。

1. 移动端与电脑端网站要紧密联系

所建设的手机网站与原有的电脑网站应保持内容一致。不管是网站的域名还是网站的设计风格等都应该保持一致，让访客知道它们属于同一个网站。这样不仅方便用户记忆，而且用户只需要记住同一个域名就能打开移动端和PC端的网站。同时，值得注意的是，应该用同一个网站管理后台，同时管理手机端和PC端的网站，这样网站在更新内容时就能保持数据的同步性。

2. 做到主题鲜明

手机页面毕竟有限，所以手机网站的主题内容应当放在显眼的位置，让访客浏览时一眼就能够看出重点，获取有效的资源信息。同时，应当注意页面内容布局的排版，根据访客浏览位置重要程度的调查，应当保持布局内容最佳的位置留给最吸引用户的板块，这样从用户的角度来看，大大节约了时间。而从企业的角度来看，也能够将自己内容的重点及优势突出显示给用户，对于公司的形象及推广营销都能起到强大的提升与推动作用。

3. 保证加载的速度

手机网站在建立时就应该考虑手机与容量过大的内容不兼容的问题，如过大的视频或图片，最好考虑少用或不用。企业应该在保证宣传视觉效果的前提下，对文件进行压缩处理。

4. 布局和配色要讲究

由于移动设备的页面普遍较小，所以页面的色彩饱和度和布局就显得尤为重要，这就要求公司在建设手机网站时对于页面应当安排最合适的布局，并且进行合适的色彩搭配，让用户一眼就能找到需求所在，提升用户的体验。

5. 导航栏主次分明

由于网站的导航栏在移动端的显示有局限性，所以移动端网站建设时，导航栏应该遵循极简原则，尽量将重点内容浓缩为导航，使用户看起来简单明了。

6. 避免使用弹窗

大量的弹窗是用户在浏览网站时最烦恼的问题之一，所以在建设移动端网站时应该避免使用弹窗等行为，提高用户的体验效果。

以上就是关于移动端企业网站建设时需要注意的几个事项，希望大家都能做出美观、适配、实用的移动端官网。

5.5　社交媒体时代，官微是新型社交网站

互联网营销的力量不可小觑，它可以在一夜之间将1 000万用户汇聚到一个平台，并建立起自己的私域流量池，让用户在流量池中多次消费。试问，哪个企业能够不为所动？况且在这个信息爆炸的时代，酒香也怕巷子深，互联网营销已经成了企业必备的生存技能。

那么问题来了，怎么营销，才能最大限度地激发出营销的力量？

企业官网建站是必不可少的，因为官网是企业在互联网世界的地址，能让用户准确找到自己。同时，官网也相当于企业的门面，可以展示企业的形象与产品。官网更适合展示产品，自媒体更适合宣传，所以，官网要和自媒体相互发力，将用户“一网打尽”。企业通过自媒体无限延伸产品的内涵，用内容吸引用户关注，用户对内容感兴趣，才有可能对产品感兴趣，通过精

彩的内容将用户引到企业的官网，让用户在官网上一睹产品的“芳容”。

因此，为了适应市场的发展需求，我们要把官网和自媒体结合起来，要让官网具备营销和社交的功能。官微，恰好能满足企业的这一需求。官微就像一个链接各个自媒体平台的微中心。随着自媒体的强势崛起，企业必然要布局自媒体，开通各个自媒体账号，如今日头条、微信公众号、熊掌号等，这些账号一个个管理起来实在是太麻烦，官微可以帮我们实现全网同步发布。

在官微上发布内容，直接可以一键同步到各个自媒体账号。做到让用户自主转发刷屏必然需要长久的打磨，洞察用户的喜好，但是利用全网发布的功能，可以从视觉上打造刷屏的效果。用户刷今日头条的时候看到这篇文章，刷微信公众号的时候又看到了，刷微博的时候又看到了……这可以加深用户对企业产品的印象，当一旦有需求时，用户脑袋里就极有可能直接冒出该企业。官微可以帮助企业从视觉上抢占用户。

自己的官微自己搭建。官微就是企业的门面，谁都希望自己的门面高端大气。外包出去，对方总是不能将自己的想法准确地表达出来，而自己又不会写代码，那怎么解决这个两难问题呢？官微，不用写程序也可以搭建！22官微根据市场调查，设计了上千套网站模板，总有一款适合你。选择一款自己喜欢的模板，拖拖拽拽就能搭建自己的官微了。

时代在变，技术也不断升级换代，产品必然更上一层楼，你还苦苦守着你的官网自我陶醉吗？升级后的官微，你不想体验一下吗？官微链接移动端和PC端，可以让用户在不同的场景下自由切换。

相对于其他建站系统，官微建站功能更完善，模板更精美，多样化选择，多功能实现，更加具备SEO优化思路，让你制作出来的网站可以轻松被各大搜索引擎收录，使网站可以获得一个好的排名，增加网站曝光量。具体来说，官微的优势有以下几点。

5.5.1 操作方便

我们以乐通达官微建站为例。乐通达官微建站可以在线选择模板生成网站（见图5-6），所见即所得，可视化拖拽操作，无须掌握专业美工知识，即可获得理想效果！也不需要编程、无须安装，节约网站开发及维护成本！可视化建站工具如图5-7所示。

乐通达官微平台有千套成品模板，上百种功能模块，可在线修改，操作简单，可视化拖拽，会操作鼠标即会建站。并且它还支持绑定独立域名的网站（见图5-8），搭建快速，节省建站的时间成本。免费智能建站系统会不断升级，可以持续满足用户需求。官微建站的免费建站运营团队提供先进的技术保障，用户无须担心技术方面的难题。

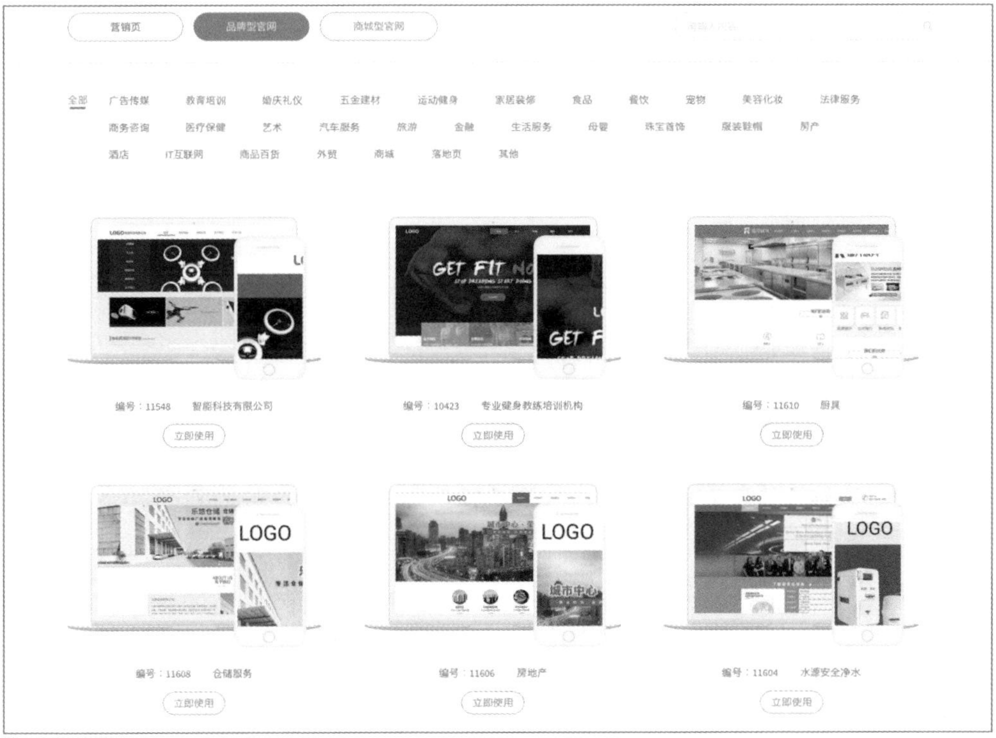

图5-6 乐通达官微建站模板市场

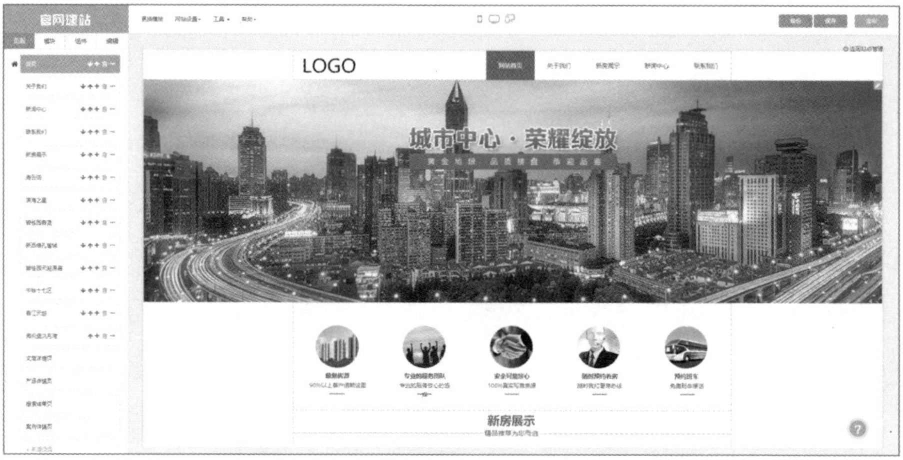

图5–7 乐通达官微可视化建站工具

域名共分为三种：预览域名、私有域名、公共域名 详细说明？

绑定新域名

域名地址	域名分类	绑定时间	解析状态	操作
wzjtjd.cn	私有域名	2018-09-05 13:37:50	解析成功	编辑 删除
www.wzjtjd.cn	私有域名	2018-09-05 13:37:50	解析成功	编辑 删除
默认域名 112532.guanwang.cc	预览域名		解析成功	-- --
默认域名 gw845715.guanwang.cc	预览域名	2019-08-30 17:03:30	解析成功	-- --

图5–8 乐通达官微建站绑定独立域名

5.5.2 PC+移动建站维护方便，提升企业效率

每多一个网站，就需要维护人员多付出一份力。当企业为不同设备建立多个站点的时候，维护成本就呈几何增长。而官微建站采用“PC官网+移动H5官网”同时建站，一个站点，多个布局，可以在所有类型的设备上工作，大大减少了网站运营管理人员的工作量，并提高了工作效率，帮助客户打造出拥有极致用户体验的网站，让企业网站发挥出超强的营销力。

5.5.3 贴合百度搜索生态，更好地实现品牌曝光

百度在推出熊掌号之后，一直表示要建立起一个完美的搜索营销、推广

的生态，让用户能够更加方便、直接地找到自己想要的内容，而其中熊掌号对于内容源同步的要求，就是需要移动或自适应站点。因此，官微建站完美地解决了企业在百度移动端的内容展现问题，让用户能够顺利享受极速收录、品牌曝光、流量倾斜、亿万粉丝等权益；同时企业甚至无须进行移动端的数据提交，也能获得品牌ICON（类象符号），降低接入熊掌号的成本。

5.5.4　全网营销场景覆盖，完美展现企业生产力

官方网站作为企业对外宣传交流的窗口，其重要性不言而喻。网络营销看似简单，实践起来却困难重重。市场无时无刻不在变化，新技术、新案例、新策略更是层出不穷。想要抢占先机，首先要打好基础。官微建站，帮助企业“破三无、立五自”，解决无入口、无官网、无数据的问题，建立企业自官网、自媒体、自营销、自渠道、自中心。一站打通官网、微信、小程序、熊掌号及媒体号，顺应去中心化趋势，构筑企业微中心。图5-9是乐通达官微多渠道分发广告的案例展示，同时，通过官微可以看到广告的效果，如图5-10所示。

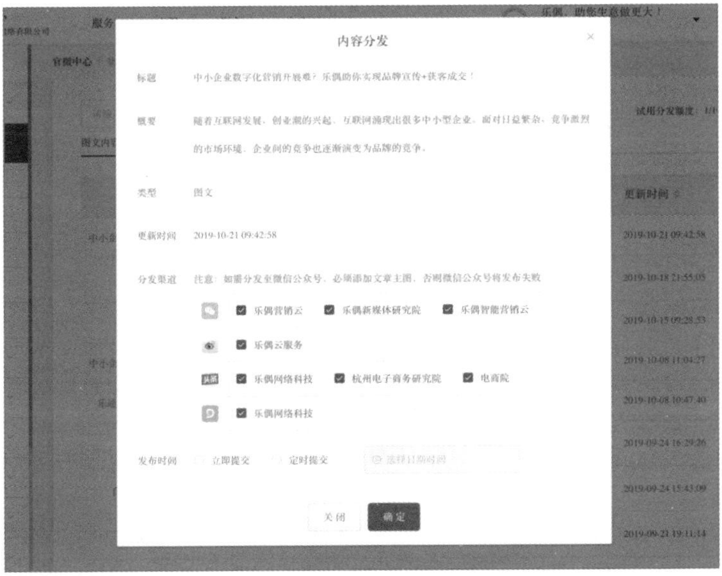

图5-9　一份营销资料多渠道分发

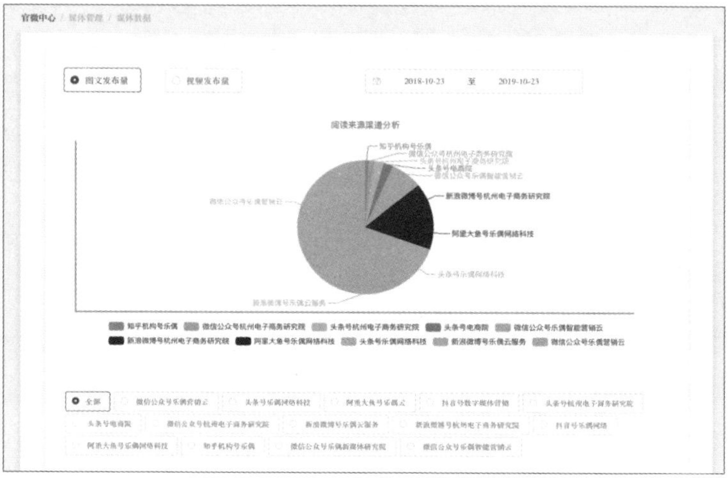

图5-10　营销资料全网数据归集呈现分析

5.6　企业搭建官微实操

5.6.1　企业如何快速搭建官微

官微建站的方法非常简单，只要按以下步骤操作即可。

1. 搜索扫描

微信搜索或扫描图5-11中的二维码进入小程序——极速官微。

图5-11　极速官微二维码

2. 创建

（1）点击首页（见图5-12）的“创建”按钮，填写网站创建的基本信息。

（2）根据弹窗提示，选择允许授权绑定手机号码，并填写相关信息。所有信息填写完成后，点击“立即开通”。

（3）单击“极速创建”按钮。

3. 上传

点击不同栏目，进行内容的上传（见图5-13）。可从素材库选择内容，也可直接上传内容。

4. 发布

点击“发布”，即完成了网站的搭建。内容的更新可在官微中心页的内容管理中完成（见图5-14）。

图5-12　极速官微首页（发现页）

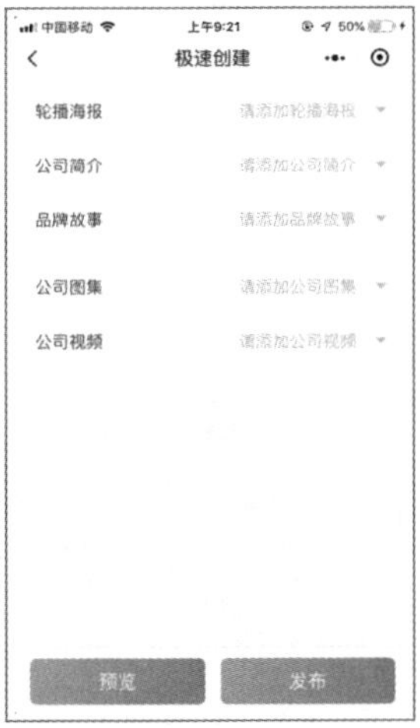

图5-13　极速创建页

图5-14　网站功能管理页

以上就是搭建企业官微的方法，有了官微，企业的私域流量运营将会变得更加得心应手。

5. 资讯管理

点击资讯管理页面下方的“添加文章”，输入微信公众号文章链接，“获取文章”，然后点击图片右上角按钮切换文章主图，最后“发布文章”（见图5-15）。

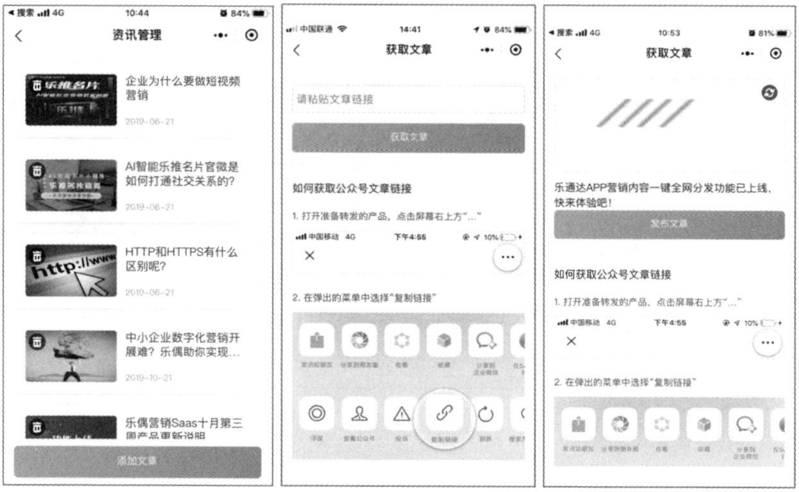

图5-15　极速官微资讯管理

6. 产品管理

点击“产品管理”可上传新的产品。点击“添加产品”，输入天猫/淘宝产品链接，“获取产品”（见图5-16）。

图5-16　极速官微产品管理

5.6.2　企业如何构建更专业的官微

企业要想拥有属于自己的官微，并希望通过官微实现更复杂的功能及展示样式，则可以通过专业版官微搭建方式来进行操作。

1. 选择模板

登录官微中心，选择心仪的官微模板进行编辑（见图5-17）。

图5–17　选择官微模板

2. 官微装修

选择好模板后，进入官微中心编辑器中，对官微进行编辑操作：添加及编辑官微页面，可自由拖拽模块及选取组件，并添加相关图片、文字素材（见图5-18、图5-19、图5-20）。可单独对PC端、移动端官微进行编辑，也可选择自适应模式。编辑完成后，点击“发布”即完成官微装修。

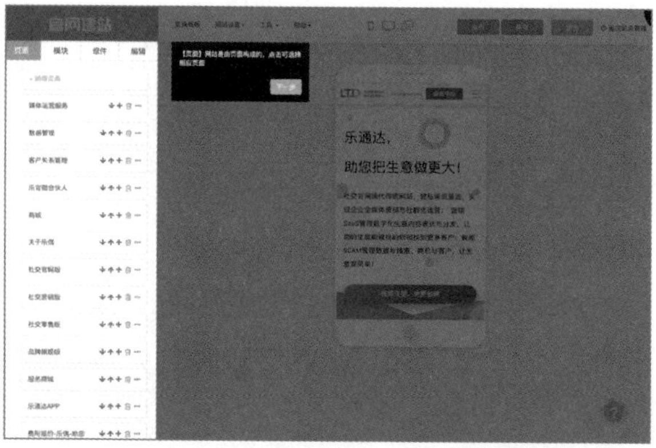

图5–18　官微装修——页面管理

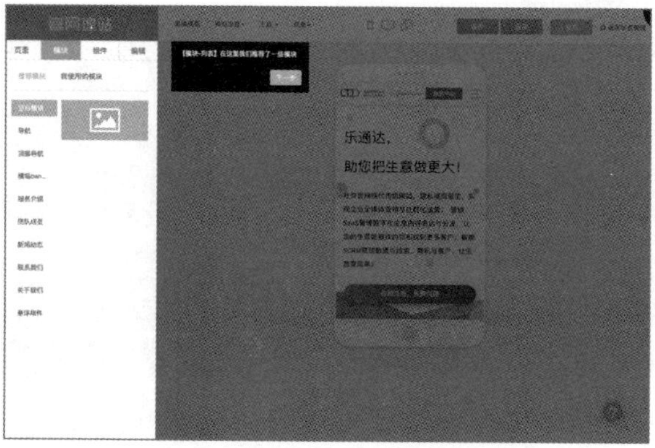

图5–19　官微装修——模块选择

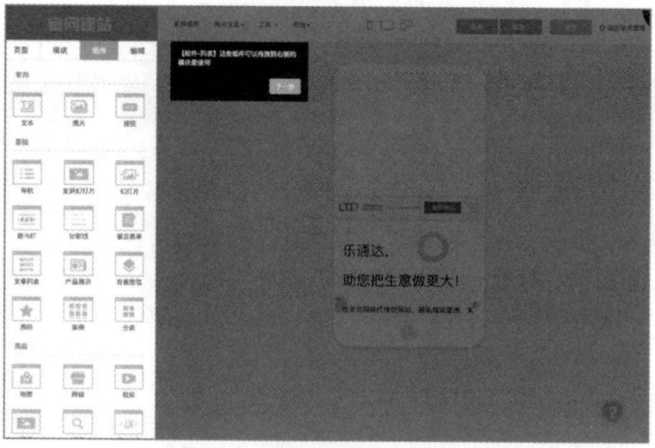

图5–20　官微装修——添加组件

5.6.3　企业如何通过官微中心进行管理

通过Web端的官微中心，可以对官微进行包括内容、产品、设置等更加复杂的管理工作。

1. 内容管理

可查看公司当前文章内容，包括自建文章及乐通达服务提供文章。可新建文章，也可对已有文章进行编辑、删除、一键分发等操作（见图5-21）。

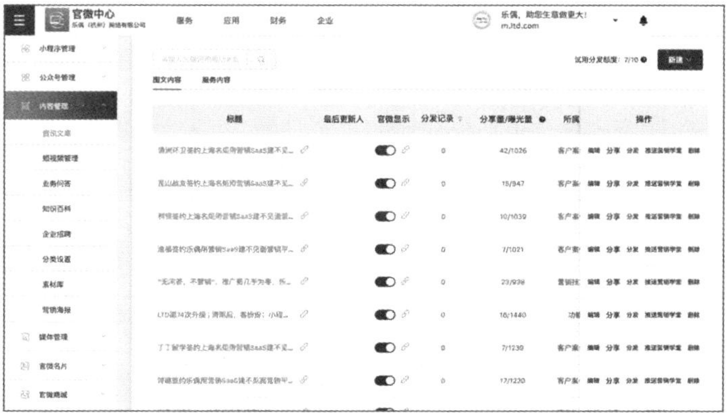

图5-21　内容管理

2. 分类管理

通过官微中心设置内容分类，便于对文章进行分类管理（见图5-22）。

图5-22　分类管理

3. 产品管理

此处管理的是与产品展示组件对应的内容，支持批量上传、批量删除相应产品信息（见图5-23）。

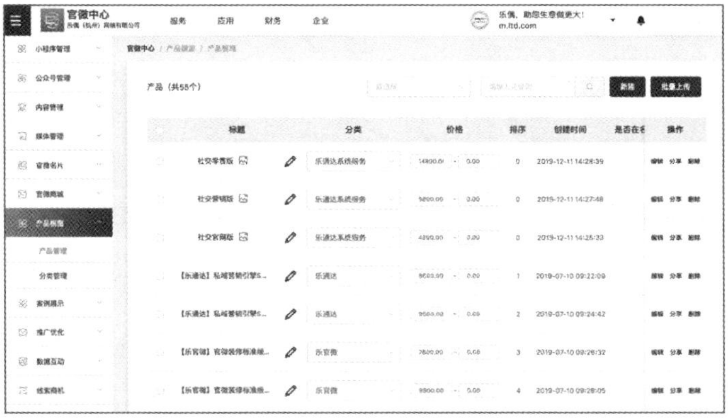

图5-23 产品管理

第6章

具备社交撩客的能力

社交撩客能力是私域流量运营中必不可少的能力，因为只有给用户留下好印象、吸引住用户才能把他们留在企业自己的流量池中。在现实生活中，商务社交往往是从一张名片开始的，而在数字化营销中，一张电子名片不仅能起到触达用户的作用，还能帮助企业和营销人员与用户建立链接。电子名片是企业社交撩客的“利器”，企业应该好好地利用它。

6.1 社交撩客，从一张名片开始

私域流量运营，就是要把用户留在自己的流量池中，那么怎样才能吸引用户、留住用户呢？当然是要创造机会与用户接触，并与他们建立和谐而稳定的关系。用通俗的话说，就是要学会社交撩客。所谓社交撩客，就是触达用户，与用户互动。

撩客与谈恋爱有不少相似之处，第一印象都非常重要。如果不能给客户留下深刻的第一印象，那么后期我们就很难“撩”动他。我们应该怎样做好撩客的第一步呢？笔者的建议是，不妨从一张小小的名片开始。

在商务社交场合，互换名片是打开局面的最佳方法。因为，名片既可以代表我们的个人形象，也可以代表企业形象，是商务人士之间的社交联谊卡。名片是商务社交活动中的重要工具，我们在交换名片、管理名片的时候要讲究技巧，因为小小的名片中也蕴含着大学问。

6.1.1 小名片，大学问

在商务社交场合中，递名片是我们委婉介绍自己的机会，所以我们在递名片时一定要做到尊敬和有礼。我们在递名片时，要把名片的正面朝上、双手递给他人，要面带微笑并礼貌地注视对方，递名片的态度也要落落大方。

递名片的顺序也是有讲究的，要先尊后卑，由远及近。当多人互换名片时，应该按职位、地位的高低顺序来递名片，也可以由远及近，但切勿随机跳跃地递名片，以免对方误会我们厚此薄彼。如果大家坐的是圆桌，则按顺时针顺序递名片。

我们在接收名片时，应该面带微笑、礼貌注视对方，并起身双手接过，以示对对方的尊重。接到名片后应该向对方道谢，并回赠一张自己的名片，最重要的是，接到名片后一定要看一遍，以表尊重。如果我们还要继续与对方谈话，则不必急于将对方的名片收起来，拿在手中即可。

我们与他人交换名片的目的是拓展人脉、寻找商机，因此我们在收到名片后，应该妥善保管，不应随意污损和遗失，最好使用专门的名片包或名片夹来保管名片。

另外，我们在与他人交换名片时，还有以下两点需要注意。

1. 清楚对方身份

在递送名片之前，我们应先弄清对方的身份，这样比较自然，也容易拉近双方距离。

2. 不要见人就发

切忌将名片当宣传单见人就散发，这种行为容易引起他人的反感。

6.1.2 智能名片将取代传统名片

一张名片对于现代商业人是非常重要的，但普通名片经常带来许多尴尬和不便。例如，使用普通名片总会出现忘记携带或携带数量不足的情况。如果我们找不到名片，在社交场合中左翻右翻、手忙脚乱，就会有失形象和礼节。递普通名片时，也有可能会尴尬出错。

面对普通名片带来的多种不便，我们需要一个最省心、最放心的名片来替换它，而且这个名片要是智能的、随心的、跟上时代潮流的。这种新型名片就叫作智能名片（示例见图6-1）。

图6-1　官微智能名片

这种新型智能名片是传统与现代的结合，它可以帮我们更好地管理人脉，将潜在客户进行分类管理。而且智能名片所包含的信息要比普通名片多得多，如企业文化、推荐产品、活动信息、核心优势等，即使我们在现场没有充足的时间与对方沟通，也可以通过智能名片把信息传达给对方。

智能名片绝不仅仅是把传统名片数字化，而是一个商务应用工具。它可以让企业开启全新的销售和推广方式，助力企业销售人员精准获客，全面提升企业销售和品牌输出能力。

6.1.3　智能名片的优点

智能名片的应用如此广泛，它究竟有什么突出的优点呢？以乐通达的官微名片为例，笔者总结出了智能名片的三大优点。

1. 销售社交化

官微名片可以通过名片小程序，链接客户和企业，而且链接的不仅是客户关系，同时还能把企业的产品介绍、官网链接起来，让销售人员能够通过微信与客户实现链接，只要通过扫一扫小程序名片即可完成。

更重要的是，在这个过程中，客户与销售人员不加微信好友就可以在小程序中聊天沟通，有效消除了客户的隐私顾虑，可以帮助企业盘活“10亿+”微信用户流量，成为名副其实的“获客神器”。

2. 销售智能化

官微名片可以通过大数据智能分析及AI分析能力，赋予销售人员洞察客户心理的能力，可帮助销售人员分辨出潜在客户和高度意向客户，并通过即时统计访客行为、预计成交率帮助销售人员合理分配时间、主动跟进客户，有效提高销售的成功率。

3. 销售简单化

官微名片提供一系列的销售管理工具，帮助销售人员进行客户的管理，通过赋能销售人员提高企业整体的管理效率。例如，企业销售人员可以在小程序内与客户即时沟通，并进行实时跟进，标注进程操作，方便后续跟踪拜访，提高商机的转化率。而且可以在后台看到访客访问名片的次数、访问时长、访客关注记录等数据，让企业轻松锁定潜在客户，并了解客户关注哪些问题，做到“一击命中”的精准营销，让企业营销能力快速升级。

6.2 新型智能名片，帮企业实现数字化客户链接

电子名片与传统名片最大的区别就是互联网的介入。如今大部分公司已经猛追时代脚步，开始使用电子名片，使交易变得虚拟化，降低成本，提高效率；同时，为公司的形象增添科技感、高级感。与传统名片相比，电子名片更媒体化，它承载了企业想传递出来的丰富的企业信息：包括公司名称、

产品信息、品牌优势、电话、地址等。它还可以直接通过名片小程序对话，不用加好友就能直接与客户进行商业合作。并且电子名片“图、文、视频”相结合，传达出来的信息量是传统名片无法比的。

昆山家铭房地产营销策划有限公司（简称家铭）就在自己的营销团队中推广和使用了智能电子名片。

与纸质名片相比，电子名片动态的展现效果会更直观、更易于理解。家铭通过乐通达营销SaaS构建的智能电子名片还有一个最大优势，那就是一键转发功能，这个功能十分有益于宣传。一个真实用户的转发，就是企业最好的宣传。

在真实的工作场景中，房产经纪人可以在联系看房者之初，就通过微信将智能名片发给看房者，看房者可以通过智能名片提前了解房产经纪人的个人信息、房地产企业信息等。

想要获取真正的私域流量，就不只是将“内容”输送到“受众”屏幕上那么简单。房产经纪最大的问题在于低转化，客户看到的只是在社交媒体上的“展示”而非“产品”。房产经纪人可以将名片小程序的二维码值入所有线上宣传平台，线上用户在浏览楼盘信息之后，可以迅速通过电子名片联系到置业顾问，并预约线下看房，或者就楼盘信息进行咨询。

经过短短几天的运营以后，家铭的名片小程序访客数量达到了5 596人，这也侧面印证了如今是社交化的时代，营销需要社交分享，企业也需要电子名片这个社交撩客的利器。

6.2.1　智能名片为什么广受欢迎

智能名片的问世是对传统纸质名片的颠覆，它的功能性和便利性深受商务人士们的喜爱。

智能名片不仅实用、便利，而且能提升企业的形象，是企业不可缺少的形象宣传形式。智能名片同时也是动态的企业宣传手册，它可以借助图、文、声、像来达到全方位的宣传效果。

智能名片可以加载视频，用户在查看智能名片时，可以看到名片所有者的信息，以及公司宣传片和公司业务前景介绍。智能名片可以让客户全方位地、生动地了解公司的资质、能力、产品等信息。这些功能是传统名片无法比拟的。

从环保的角度来说，使用智能名片可以减少纸张消耗，并减少资源浪费。同时，也无须业务人员的四处奔走，间接降低了人工成本。

智能名片的收发都很方便。发名片时我们只需对方扫描自己的名片码，或者直接发到对方微信上就可以了。而收名片时，直接点击拍名片就可自动识别并保存对方信息。简单易操作，可以充当你的名片夹。

另外，智能名片的保存时间不受限制，它也不用随身携带，打开手机就有。有了智能名片，我们就不再担心忘带名片或名片破损这种尴尬的事情发生。

智能名片还可以准确筛选客户。智能名片内置AI雷达，可以24小时实时监控访客轨迹，让销售人员明确客户心中所想，从而直达目标客户，更有效率地促进成交。

6.2.2 智能名片能帮助企业解决什么问题

众所周知，随着移动互联网的发展，企业传统的营销模式已经很难发挥作用，获客难、推广难、成单难等成为制约企业发展的新障碍，国内的市场环境目前迫切需要一款能够改变现状的营销管理工具，基于这样的市场需求催生了智能名片的研发。

那么企业管理者就要问了：这个所谓的智能名片能帮助企业解决哪些问题呢？下面笔者就带大家来了解一下。

1. 解决企业销售获客难题

就智能名片而言，每一个企业销售人员都是一个流量源，可以通过微信好友之间的相互推送展现名片信息；用更加职业化的包装，将个人信息、企业信息、产品信息传递到微信好友、朋友圈等渠道；通过快速的线上传播帮助企业销售人员社交获客，增强客户黏性，使名片推广更加便捷、简单、智能。

2. 解决企业销售成单难题

传统名片盲目投递后很难有较高的反馈率，即便电销过后再面销也很难抓住客户的需求点，刺激消费。而智能名片的雷达系统，能够实时将客户的访问轨迹反馈给销售人员，帮助销售人员准确抓取客户需求点。另外，线上沟通系统能够在不添加好友的前提下帮助销售人员直接联系客户，有任何产品问题都可随时解答，帮助销售人员提高成单率。

3. 解决企业品牌推广难题

现在，不管是什么类型的企业，都会明显感受到，跟前几年相比，线上品牌推广的成本越来越高。对创业型公司而言，推广费用更是让它们不堪重负。想要在控制成本的基础上完成企业品牌的高效推广一直是众多传统企业想要解决的运营难题。智能名片将企业官网植入线上名片中，在推送个人名片的同时，也对客户进行品牌概念的宣传，既节约推广成本，又能实现移动端迅速传播。

4. 解决企业员工管理难题

销售人员的离职流失在企业发展中是不可避免的一个现象。销售人员的流失在一定程度上也意味着客户资源的流失。如果企业想要彻底解决这一难题，除了提升企业管理能力，还要借助于高科技管理工具。智能名片内嵌智能系统，能够将客户的所有信息都集中反馈到管理者平台，让客户信息有迹可循，同时销售人员离职时也能实现客资一键交接，有效避免了客户的流失。

智能名片采用蜂窝式的管理模式，帮助企业进行智能化的线上管理，落实解决中国企业的推广痛点，将销售推广与企业宣传绑定在一起，借助成熟的微信传播平台，帮助企业更清晰、更顺畅地解决管理难题。

6.3 官微名片，实现官网和私域能力的系统化链接

获客难已成为当下很多企业比较头疼的问题，很多企业负责人抱怨广告投入越来越大，但是实际带来的效果却微乎其微。这是因为企业的私域运营能力不够强，没能和用户建立系统化的链接。

那么，中小企业要如何摆脱这个困境，并解决获客、留客、活客、成交等方面的难题呢？答案是运用智能名片。

官微名片是一款以微信小程序为载体，可以自定义生成的智能名片，它融合了电商、资讯、社交等功能，可以快速、便捷地展示个人和公司信息，提升个人与公司的形象。

那么官微名片是如何解决企业面临的获客、留客、活客、成交等方面难题的呢？

首先，我们来看官微名片的功能和优势。

6.3.1 官微名片的强大功能

官微名片是企业专属小程序，功能包含语音、视频、图片等，可立体化呈现品牌形象。官微名片还可以全维度呈现企业动态，让企业也拥有自己的朋友圈。有了官微名片，企业无须添加好友，就能实时与客户聊天沟通，做到一键触达。

官微名片还具有电商功能，可以轻松售卖产品。它让每个员工都成为生意入口。不仅如此，官微名片还可以通过分析数据，挖掘意向客户。官微名片可以实现的数据分析包括BOSS统计、AI报表、全面数据分析等（见图6-2）。

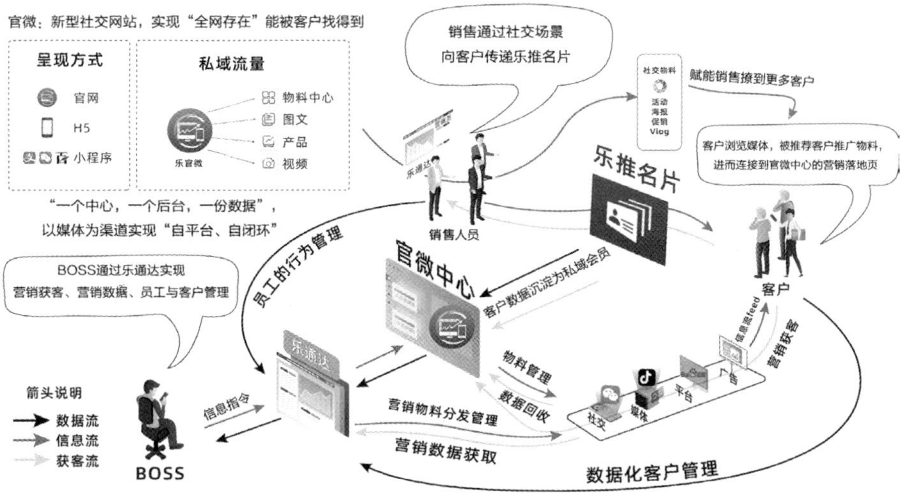

图6-2 官微智能名片功能

6.3.2 官微名片的四大优势

潜在客户一直都存在，他们感兴趣，但可能因为诸如价格不满意、案例展示不到位，却又得不到及时沟通介绍的原因，而没有形成转化。如果能有一种营销工具既能传递信息，又能像雷达一样找到这部分潜在的客户，营销效果必然更好。除了以上的强大功能，官微名片还有独特的四大优势，可以帮企业达到提升营销效率的目的。

1. 建企业专属官微，享官微名片智能营销获客

用户扫描名片上的二维码之后，就会跳转到小程序中，在这里用户可以看到名片主人提前录制的语音、视频、精心设计的图片及实时更新的企业动态，可以说是一个具体而轻量的企业官网。它让用户一次性地全面了解企业，增加企业的表达机会和传播手段。但是，只把官微名片当官网使用，就暴殄天物了，它最重要的价值是企业可以建立专属于自己的官方微营销中心（也就是“官微”的来源），通过官微对营销进行管理，充分利用电商、社交、数据等属性进行智能营销获客（见图6-3）。

图6-3　智能名片内官网信息呈现

2. 多功能社交电商系统，产品轻松售卖

官微名片成熟的电商属性可以赋能企业，带来直接的商业价值。举个例子，官微名片在首次分享测试的时候，乐通达员工小吴上一家任职公司的老板看到了官微名片，查看名片共计6次，其中乐通达商城看了3次。谁都能看出他很感兴趣，小吴查看数据之后也发现了这一点，和前老板进行沟通后发现，分享测试时乐通达案例并没做详细展示。前老板对商城中的服务感兴趣，却担心效果，在拿到详细案例之后，前老板直接变成了合作伙伴。图6-4为乐通达官微名片中产品展示。

图6-4　智能名片呈现产品信息

3. 企业朋友圈社交，让获客更轻松

和客户像朋友一样沟通，一直是企业的最高追求，官微名片在社交上就给企业提供了一种良好的解决方案。

首先是企业朋友圈。企业动态展示板块和微信朋友圈轻松的氛围很像，客户能看到企业的实时动态，还能点赞、评论、转发，让企业真正和客户产生社交，拉近距离。

其次是即时沟通能力。客户可以不用加微信好友、不打电话，就能与企业实时沟通。不用任何跳转，也不设立任何门槛，通过智能名片，建立印象、产生意愿、沟通了解、达成合作，都能轻松实现。

4. 多维度数据分析报表，让企业营销快速升级

“知己知彼，百战不殆。”是否了解用户的想法，很大程度上决定了营销的成功与否。官微名片首次测试就能开发客户，一个原因是它能全维度地展示，另一个原因就是它有强大的数据分析能力。例如，访客访问名片的次数、访问时长、访客关注的板块等数据，让企业轻松锁定潜在客户，并知悉客户关注哪些问题，做到一击命中的精准营销，让企业营销能力快速升级。

乐通达希望通过官微名片这样一个工具提升企业的营销能力，降低获客成本，让生意越做越简单，所以乐通达设立了免费开通通道，每个企业都可以免费使用，初尝AI和数据技术带来的营销变化，享受高效的智能获客体验。

6.4 企业使用官微名片实操

6.4.1 如何快速开通官微名片

企业想要拥有属于自己的智能名片，最快捷的方式是通过“官微名片”小程序。填入企业和个人的基本信息，并补充必要的内容，就能快速创建一

个智能名片。

1. 进入官微名片小程序

微信搜索“官微名片”或扫描图6-5中的二维码进入小程序——官微名片。

图6-5　官微名片二维码

2. 创建官微名片

在官微名片创建引导页创建官微名片。

经过微信授权，可以直接使用当前微信账号的头像和昵称，自动填充到名片头像和姓名中，也可以单独设置或修改。

联系方式一栏也可以通过微信授权直接获取当前微信号的手机号码，或者使用输入手机号并获取验证码进行验证绑定（见图6-6）。

图6-6　官微名片基本信息填写

3. 创建完成

名片创建完成后，进入用户首页。该页面展示个人名片信息、最近访客等，并有快捷分享按钮，还提供了编辑名片、邀请同事（正在开发）等功能。点击名片可以查看个人名片。

6.4.2　如何使用官微名片

官微名片提供了个人信息设置、企业动态、分享名片、访客记录、客户触达等强大功能。

1. 最近访客

名片首页提供最近访客的展示，呈现最近查看了当前名片的访客信息。通过点击访客头像，就可以使用聊一聊工具进行触达。

2. 名片分享

点击首页“分享名片”悬浮按钮，提供两种分享方式，如图6-7所示。

图6–7　分享当前名片

6.4.3　如何使用专业版官微名片

1. 什么是专业版官微名片

使用专业版官微名片，企业可以拥有属于自己的独立名片小程序，使用自己专属的小程序名称，并且可以获得包括商城、内嵌官网、外链跳转等专业功能。

2. 如何开通专业版官微名片

在乐通达官微中心的名片管理栏目，企业可以通过以下流程开通专业版官微名片。为了开通专业版名片，企业首先需要有一个经过认证的公众号（见图6-8），并新建一个小程序（见图6-9），作为官微名片的载体。

图6–8　已认证公众号

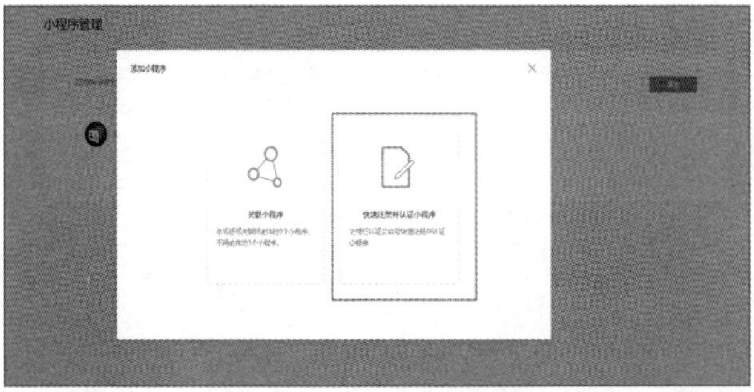

图6–9　注册小程序

在官微中心后台，通过扫码授权后填写基本信息并发布，乐通达系统将完成剩下所有的发布流程。具体如图6-10至图6-13所示。

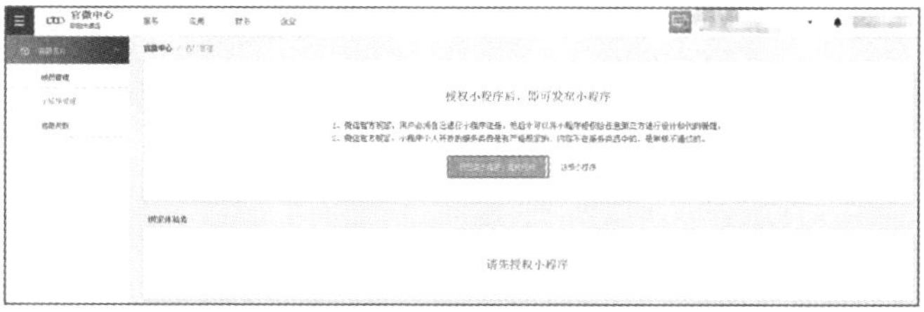

图6-10　授权小程序

图6-11　填写小程序信息

图6-12　发布小程序

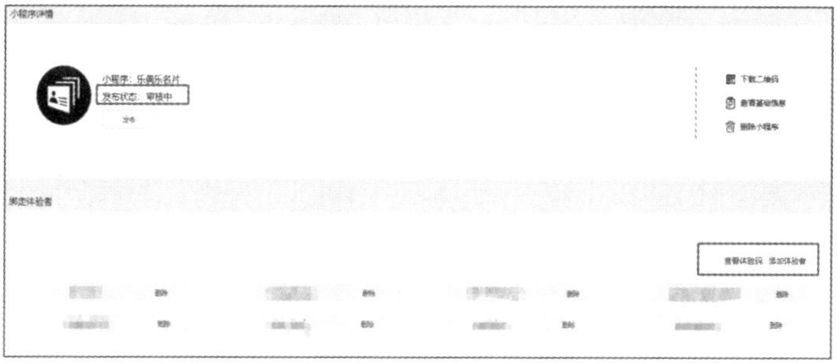

图6-13　等待微信官方审核

小程序审核时间在数小时到数天不等，在审核期间，可以通过添加体验者的方式来预先体验。成功发布的官微名片小程序可以在微信中搜索到（见图6-14）。

图6-14　微信内搜索可见

6.4.4　如何管理名片数据

通过内容管理模块，我们可以设置名片信息、发布企业动态、查看名片数据等。

1. 名片设置个人信息

（1）官微管理员可在官微中心添加名片成员，添加的成员即可使用官微名片（见图6-15）。

图6–15　成员管理

（2）将小程序与官网关联，可将在官网内上传的产品同步展示在名片小程序中（见图6-16）。

图6–16　官网关联

（3）企业成员可下载并登录“乐通达App”，对名片个人信息等内容进行管理（见图6-17）。

图6–17　个人信息管理

2. 发布企业动态

用户可查看并发布企业动态，企业动态将展示在企业名片中（见图6-18）。

图6–18　发布企业动态

3. 查看访问数据

企业员工可查看个人AI报表数据，角色为上级的员工可查看BOSS统计（名片整体访客数据）；可随时查看访客轨迹，分析访客行为（见图6-19、图6-20）。

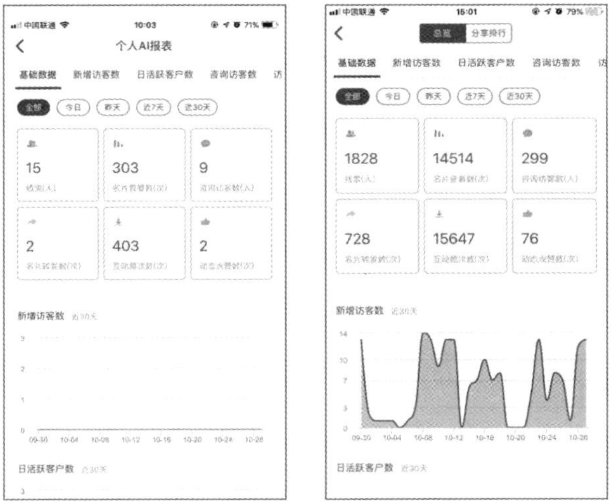

图6-19　访客数据

图6-20　访客轨迹

4. 触达客户

可主动对名片访客发送消息，消息可通过微信模板消息弹出通知客户（见图6-21）。

图6-21　名片消息

总而言之，只要企业学会官微名片的实操方法，并将其运用到实际运营和管理中，就能一步到位地实现获客、留客、活客和成交。

运营篇

私域流量运营

第7章

背靠大平台，把流量引入私域

运营私域流量，打造私域流量池就是要把流量从公域引入私域，所以企业要背靠大平台，在大平台上引流、吸粉，把大平台上的流量转化为自己的私域流量。企业可以借助各种小程序来探索新场景、开拓新用户，还可以建立自媒体矩阵及进行短视频营销，这几种方法都可以引爆私域流量，帮助企业拓宽自己的私域流量池。

7.1 借助小程序探索新场景，拓展新用户

小程序在有些人看来已经是明日黄花，红利期早已过去，它“用完即走”的特性很难帮企业留住用户，实在不值得花费太多心思。而且，各大平台的小程序入口都不是很显眼，用户很有可能找不到，因此小程序被很多人称为“流量黑洞”。

事实真的是这样吗？小程序真的不能积累用户吗？当然不是！微平工贸是一家经营礼品定制的企业，从成立之初就一直寻求探索新的生意场景，经过市场调研等，最终决定通过乐通达平台搭建小程序官网（见图7-1），因此利用小程序探索到了全新的内容场景和应用场景（见图7-2）。

图7-1　微平工贸小程序官网

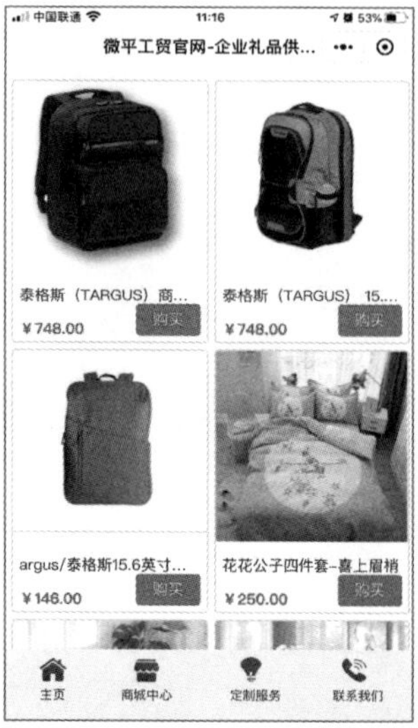

图7-2　微平工贸小程序商城

微平工贸在已有PC端线上商城的情况下仍然上线了“微平工贸”小程序，并且取得了不俗的成绩。

每个企业都想拥有自己的小程序，并借助小程序开拓新场景和新用户，把“用完即走”的小程序变成吸引用户、留住用户的利器。不过，在运用小程序之前，我们要先了解小程序。

7.1.1　什么是小程序

目前，各大平台都推出了自己的小程序，包括微信小程序、百度小程序、抖音小程序和支付宝小程序等。那么，这些小程序有什么共同的特点和价值呢？

1. 小程序的特点和价值

小程序最大的特点是不需要下载安装即可使用，它背靠大平台，达到了“零门槛”使用的效果。用户只需要扫一扫或者搜一下，即可打开并使用小程序。用户不需要安装App，也不必担心手机内存不够。当然，这只是小程序的优点之一，它的核心价值主要有以下三点：

（1）可以整合线上资源，快速抢占市场。

（2）基于移动端平台开发，可快速定制、灵活使用。

（3）用户无须安装，轻松使用、接受度高。

2. 小程序的六种获客入口

说了这么多，小程序到底如何获客呢？一般来说，小程序的获客入口有六种，企业和商家在开发自己的小程序时，要特别留意这些获客入口。

（1）用户搜索。小程序的其中一个入口场景就是通过用户的主动搜索。用户输入关键词后，就会弹出一些搜索结果。而小程序越接近用户搜索的关键词，排名就越靠前。当然，不止这一个影响排名的因素。

小程序的排名还跟小程序的名称、描述、上线时间、用户访问量和小程序的综合质量有关。所以企业要根据用户的搜索习惯和产品特性来注册小程序名称。与搜索关键词关联越紧密，小程序的排名就越靠前，也更有可能被用户找到。另外，小程序名称是唯一的，企业越早注册越能抢占市场先机。

（2）附近的小程序。在微信“附近的小程序”中，商家的小程序会自动展现给周边5千米范围内的微信用户。所有上线的小程序都能在此被免费曝光，且一个小程序能添加10个地理位置。也就是说，做一个小程序，相当于给店铺增加10倍曝光的机会。

（3）用户分享。小程序可以分享到与个人或微信群的对话里。如果小程序的使用体验好，具备被传播出去的要素，那么用户就会自发地帮你传播小程序。商家也可以设计一些引导活动引导用户主动分享。

（4）与商家的微信公众号关联使用。小程序与微信公众号关联成功后，用户可以通过模板消息、自定义菜单、小程序卡片等多个入口跳转到微信小程序。

（5）通过门店二维码。小程序码的推出使得商家可以通过线上线下两种途径来推广自己的小程序店铺。线上的任何推广小程序的平台，主要包括在广告中、图片里、公众号内、文章里或者QQ群里等各种你能想到的线上平台都可以推广小程序。

线下进入小程序最常见的方法就是扫描小程序码了，这对于传统公司非常有用，可以将小程序码印在产品、名片、户外广告等你能想到的所有地方。

（6）小程序跳转。商家可以利用小程序的跳转功能，通过与微信公众号、App相互关联，实现从微信公众号到小程序、小程序到App之间的相互跳转，同时还能够大大提升App的活跃度。

接下来，我们来看看各大平台的小程序各有什么特点，以及它们的注册方法。

7.1.2 微信小程序

微信的用户群体规模巨大，这个平台不仅流量巨大，而且有成熟的生态。背靠微信平台，企业可以把公众号、社群和小程序结合起来，做大规模的社交裂变。微信小程序的核心场景如图7-3所示。

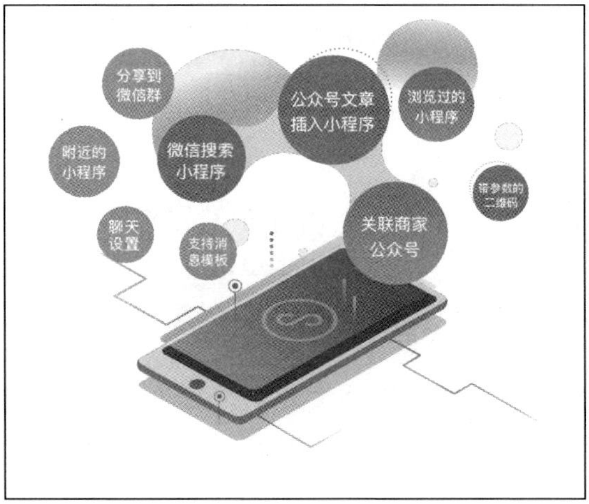

图7-3 微信小程序的核心场景

1. 微信小程序的特点

微信小程序有以下四大特点。

（1）方便快捷，即用即走。用户扫一扫或搜一下即可打开应用，用完退出即可。简单快捷的方式更容易提高使用率。

（2）速度快、不占内存。无须任何下载和安装，不占用手机内存。

（3）功能丰富，场景丰富。小程序集成了图片、音视频、地理位置、重力感应、二维码、微信登录、微信支付、模板消息等功能，能更好地发展用户。

（4）附近定位、入口众多。开放的入口比较多，除了通过扫码、发送朋友、搜索、附近等常用入口，还能与公众号关联、群发。

2. 企业注册微信小程序的方法

其实，微信小程序的注册流程很简单，并没有想象中的那么复杂。

（1）进入微信公众平台，点击“立即注册”，选择账号注册类型：“小程序”（见图7-4）。

图7–4　微信公众平台注册页

（2）填写小程序账号信息，包括邮箱、密码等（见图7-5）。填写完毕后系统会发送一个邮件，登录相应邮箱激活账号即可。

图7–5　微信小程序注册：账号信息页

（3）激活小程序后，选择主体类型“企业”，然后按要求提交资料，资料包括营业执照、管理员信息等（见图7-6）。

图7–6　微信小程序注册：账号登记页

（4）注册好之后，就可以用新的小程序账号、密码登录后台，在“设置”里完善小程序的名称、头像、服务类目等信息，然后等待审核即可（见图7-7）。

如果你已经有了认证的企业微信公众号，那么操作就更加简单了，直接在公众号里点击小程序管理——快速注册并认证小程序，就可以快速创建了。而且，拥有经认证的微信公众号的企业，注册小程序是不收费的，如果没有，那么微信平台会收取300元认证费用。

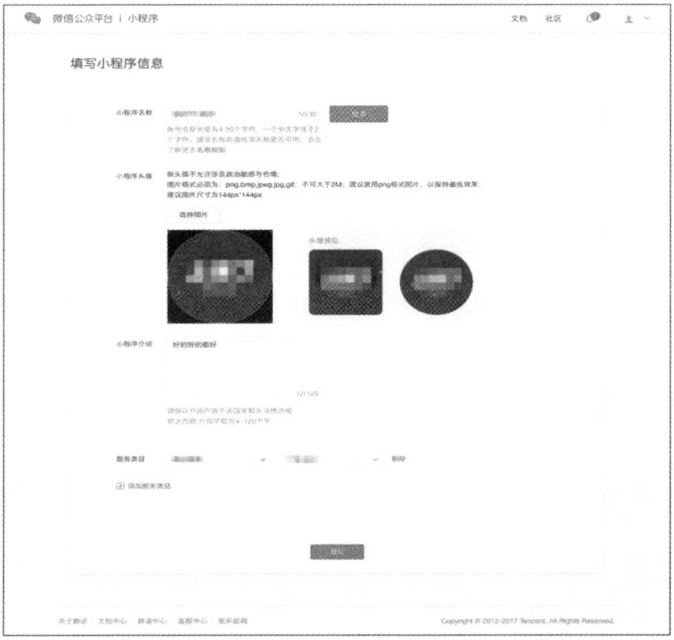

图7–7　微信小程序注册：填写小程序信息

7.1.3　百度智能小程序

百度在中国搜索引擎市场的占有率很高，大部分用户遇到问题都习惯先百度搜索。百度智能小程序在手机百度的流量倾斜非常大，搜索同样的关键词，搜索结果优先显示百度智能小程序。百度智能小程序的核心场景如图7-8所示。

1. 百度智能小程序的特点

（1）体验佳。构建自然用户体验系统，打造新时代最佳体验。

（2）流量大。开放百度全域千亿流量，流量天然可运营。

（3）更智能。AI能力普及，让开发者重回业务理解和创意赛道。

（4）最开放。业界首家开放生态，打破孤岛共建繁荣。

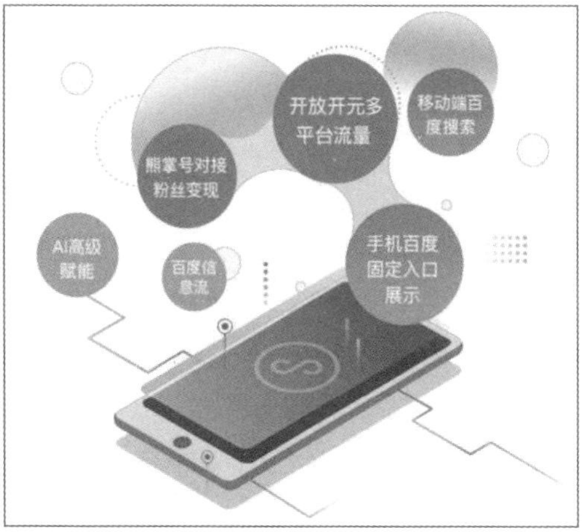

图7–8　百度智能小程序的核心场景

2. 企业注册百度智能小程序的方法

目前，百度智能小程序仅限企业、政府等非个人主体注册。企业注册的流程可分为注册登录、主体认证（类型、基本信息）、真实性认证三大环节，我们来看看具体应该怎样操作。

（1）以公司名义注册一个百度账号，准备电子版企业营业执照（加盖公章），以及小程序名称和简介。

（2）用百度搜索“百度智能小程序”，并点击进入官网（见图7-9）。

（3）点击右上角的“登录”，选择“百度商业账号登录”并使用公司的百度账号登录即可（见图7-10）。

（4）填写入驻申请部分，所有带“*”的项目都必须如实填写，否则审核很难通过；选填项目是审核的辅助信息，认真填写可以提升审核通过率。填写完成后就要耐心等待审核结果，一般24小时内就会有结果，审核通过后才能进行注册。

图7–9　百度智能小程序注册：搜索官网

图7–10　百度智能小程序注册：账号登录

（5）点击图7-11中的蓝色按钮“注册智能小程序”，弹出窗口后，继续点击“下一步”。然后，选择主体类型“企业”。要注意的是，主体类型一经选择后就不能更改了，所以选择的时候要慎重考虑。

（6）按要求填写主体信息，如ID信息、企业信息、运营者信息等，填写后提交即可。每个百度账号有5次提交机会，我们填写的时候一定要仔细，千万不要出差错。

图7-11　百度智能小程序注册：审核通过弹窗

审核通过以后，就可以创建小程序了。不过，在小程序正式发布上线之前，系统会对主体进行真实性认证，企业可以选择对公认证，个体工商户可以选择对公认证或法人人脸识别。进行对公认证时，企业需要提供自己的对公账号信息，系统会向对公账号打款，企业收到打款后，要及时登录对公账户并回填打款金额。完成以上全部步骤以后，百度智能小程序就可以正式上线了。

7.1.4　支付宝小程序

1. 支付宝小程序的特点

支付宝小程序的特点如下。

（1）能赚钱、成本低。基于支付宝在用户心中的“钱包”定位，用户每次打开支付宝都是冲着“花钱”去的，所以同样的商家小程序，在客流相同时，支付宝小程序的转化率要远高于微信小程序。对企业来说，支付宝小程序的开发成本也比较低，因为开发一个小程序，可以同时在微信和支付宝上运行。

（2）入口多，能力强。支付宝小程序的入口多达30多个，如首页九宫格、频道入口、固定回访入口、生活号、模板消息、 扫码、搜索和分享等。此外，支付宝小程序有用户回访、消息推送和垂直品类等功能。

（3）助力企业争夺线下市场。支付宝小程序是企业争夺线下市场的一大利器，很多实体商家都接入了支付宝，而且有各自的支付宝小程序，小程序可以直接为线下门店带来流量和销售额。

2. 企业注册支付宝小程序的方法

支付宝小程序对企业账号及个人账号开放，创建小程序前需要完成注册和入驻成为小程序开发者。注册支付宝小程序的步骤如下。

（1）注册支付宝账号。支付宝账号的注册方法相信大家都很熟悉了，这里就不再赘述了。

（2）入驻。我们根据支付宝账号身份选择入驻流程。支付宝账号分为个人账号和企业账号，这里只介绍企业账号的入驻方法。

（3）使用企业支付宝账号登录支付宝开放平台，并选择入驻身份。目前支付宝小程序支持三种身份：系统服务商、自研开发者、线下服务商（仅限企业用户）。

系统服务商为商家提供服务，生产小程序模板或代商家开发小程序；自研开发者自己开发小程序，直接为用户提供服务；线下服务商无须具备开发能力即可在支付宝开放平台上进行业务推广，如收钱码、红包码等。不同的身份有其相应的业务和功能权限，我们可根据实际情况来选择（见图7-12）。

入驻成功后，我们可以进入“账户管理”页面，选择“合作伙伴管理”选项卡，为自己扩展身份（见图7-13）。

（4）进入“小程序”页面，点击“立即接入”按钮，并使用支付宝账号登录，进入“我的小程序”后（见图7-14），点击“开始创建”按钮，然后填写小程序相关信息并完成创建。如果账号里已经有了创建的小程序，则可以点击“创建”按钮来继续创建新的小程序。

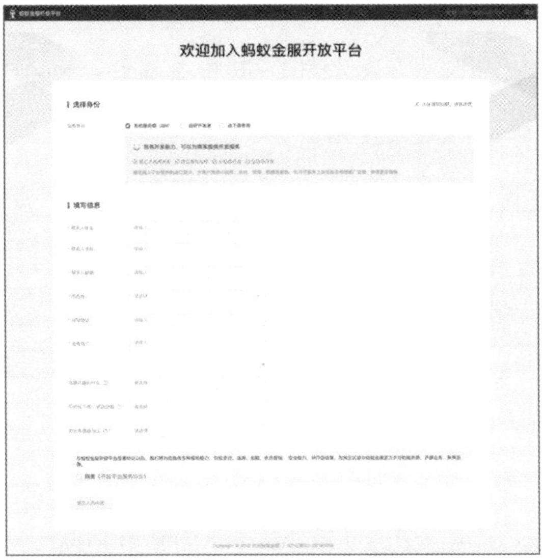

图7-12　支付宝小程序注册：选择身份

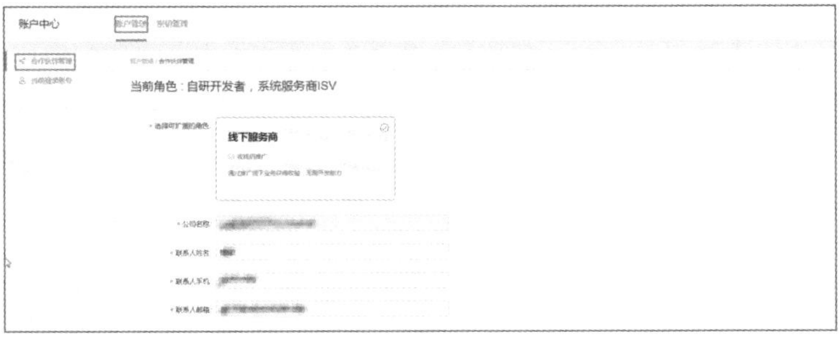

图7-13　支付宝小程序注册：合作伙伴管理

图7-14　支付宝小程序注册：我的小程序创建

一个开发者账号下最多可以创建10个小程序，未曾提交审核的小程序可以删除，删除的小程序不在计数范围。

（5）填写小程序名称（参考“名称规则”），即可快速创建小程序。其他信息可以在创建小程序时填写，也可以在研发过程中或提审时补充完整（见图7-15）。

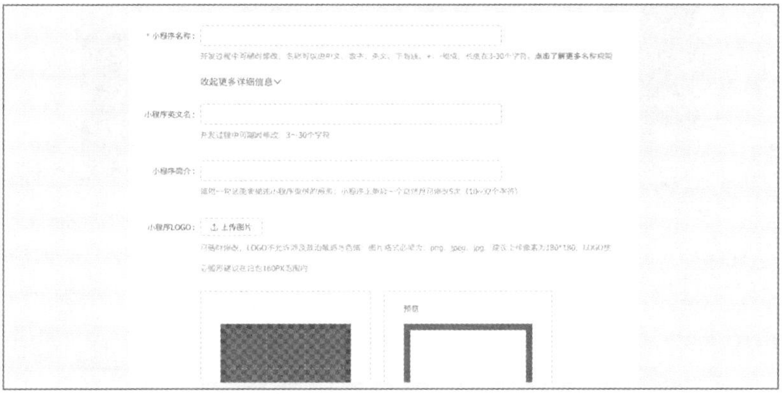

图7–15 支付宝小程序注册：小程序信息填写

支付宝小程序的信息修改规则如下：上架前，小程序信息均可修改，不限次数；上架后，小程序名及小程序英文名均不允许修改；小程序简介、小程序描述、小程序类目这三个信息在新版本提审时可修改，但每个自然月仅可修改5次；其他信息在新版本提审时均可修改。

7.1.5 抖音小程序

抖音是目前炙手可热的超级流量池，任何企业都想从中分一杯羹，但抖音终究只是一个内容分发平台，唯有找到稳定的变现方式和引流方式，才能稳坐“钓鱼台”。抖音小程序的最大优点就是开发成本低，而且它还是一个很好的引流变现渠道。抖音小程序可以让用户直接进入购买环节。

例如，各大院线上映的电影都在自己的推广视频中接入了“猫眼电影”小程序，粉丝可以直接通过小程序搜索附近的电影院，并购买电影票（见图7-16）。

图7–16　抖音上的“猫眼电影”小程序

在抖音小程序正式上线之前，抖音已经借助爆款短视频成为营销“神器”，再加上购物车、商品橱窗、POI（Point of Information，信息点）等功能进一步加强了变现能力。而小程序则在此基础上更进一步，让企业和商家可以在抖音上玩出更多花样，如优惠券、拼团、砍价、抽奖、秒杀等。企业和商家还可以根据需求添加各种功能插件，满足多种多样的营销需求。

1. 抖音小程序的特点

相比其他平台的小程序，抖音小程序有自己独特的优势，可以归纳为以下几点。

（1）助力社交裂变。用户在抖音小程序内完成支付后，企业可向他们赠送购物“立减金”或“满减券”，用户可以把这些优惠券分享给自己的好友，好友领取后双方均可获得优惠。这既可以吸引新用户消费，也可以促进老用户的复购。

（2）与视频内容结合。抖音小程序可以挂在视频中，能够与视频内容紧密结合，这样一来引流和变现的效果就会大大提升。

（3）超高留量入口。抖音小程序有超高的留量入口，用户可以从“搜索”和“最近使用”中直接找到小程序。用户在抖音App的搜索框中输入关键词后，即可出现小程序入口，可以精准匹配用户的需求。

（4）差异化流量优势。抖音是一款定位年轻人群的App，这个平台上的主要用户群体是年轻用户，目标用户是年轻人的企业可以在抖音上获得自己想要的流量。而且，抖音上垂直细分的内容可以帮助企业精准定位目标人群，获取差异化流量。

2. 企业注册抖音小程序的方法

抖音小程序又称字节跳动小程序，需要在“字节跳动小程序开发者平台”上注册，具体的步骤如下。

（1）打开“字节跳动小程序开发者平台”官网，点击右上角的“快捷登录”按钮，然后注册一个“字节跳动小程序开发者平台”账号（见图7-17）。

图7–17 “字节跳动小程序开发者平台”官网首页

（2）填写资料。如果是首次创建小程序，我们需要填写企业相关资料并等待审核通过。如果申请不通过，则需要根据系统反馈的信息重新完善资料并提交。

（3）审核通过之后，我们就可以进入后台管理和创建小程序了，只有以企业为主体的小程序才能开通支付功能。

（4）小程序发布。开发人员要先从“字节跳动小程序开发者平台”上下载小程序代码包，并通过字节跳动开发者工具上传代码并在平台上完成小程序的审核和发布操作。

（5）预览并确认无误后，将小程序提交审核。如果审核没通过的话，则可根据系统提示内容进行修改后重新提交审核。

以上就是各大平台小程序的特点以及注册方法，我们可以选择自己需要的平台来开发小程序。小程序的开发难度要远远低于App，但是，如果企业想同时拥有微信小程序、百度智能小程序、支付宝小程序、抖音小程序的话，还是需要投入一些开发成本的。

对于企业来说，制作小程序有这三种方法：一是自己组建技术团队开发；二是找定制化团队开发；三是使用第三方小程序开发工具。对于有特殊需求、资金和时间都非常充裕的大型企业，可以使用前两种方法。但是资金和时间都有限的中小型企业，使用第三方小程序开发工具才是最高效、低成本的做法。目前，市面上的第三方小程序开发工具有很多，企业可以根据自己的需求来选择。

小程序为企业创造了诸多条件和价值，不管是什么行业，都应该抓住这波互联网红利，给自己赢得新的生机。

7.2 搭建自媒体矩阵，让“1+1>2”

在前面的章节中，笔者曾提到过，自媒体是私域流量运营的关键渠道。通过自媒体，我们可以从公域流量中“打捞”流量到自己的私域，也可以把流量从别人的私域引流到自己的私域，还可以在自己的私域里进行社交裂变。因此，我们应学会利用自媒体来建立和扩大自己的私域流量池。

在笔者看来，利用自媒体引流的最佳方式莫过于搭建属于自己的自媒体矩阵，比起在一个平台上孤立无援地“单打独斗”，不如把所有平台的力量整合起来，形成“1+1>2”的效果。

7.2.1　什么是自媒体矩阵

自媒体矩阵并没有一个理论上的明确定义，但我们可以把它简单地理解为：由多个自媒体账号有机组合而成的，为企业或个人打造品牌、触达用户、进行产品营销的体系。自媒体矩阵的最大优势在于，它可以帮助企业通过多个渠道共同接触目标用户，与目标用户产生全方位互动。

通过下面的例子，大家会对“什么是自媒体矩阵”有更加形象的认识。

“云开木业”作为一家木材加工设计企业，不仅有微信公众号，它还有抖音账号、B站账号、微博号、知乎号和小红书账号，这些账号分别呈现不同形式的内容，如公众号、微博和知乎上的内容以图文为主，抖音上以短视频为主，而B站上则是以长视频为主。

“云开木业”的多个自媒体账号组合在一起就形成了一个自媒体矩阵（见图7-18），这个自媒体矩阵不仅能多方位地展示产品，广泛地吸引目标用户，还能在各个平台之间实现相互引流，提升转化率。

图7–18　“云开木业”自媒体矩阵（部分）

例如，当用户在抖音上看到“云开木业”的短视频后，想了解更多详细信息，就会关注“云开木业”的微信公众号或微博，或者到B站上去看长视频。在小红书和抖音上被“种草”的用户甚至可以利用这两个平台的电商功能直接下单购买。

从“云开木业”的例子中，我们可以看到，自媒体矩阵不仅通过单独的渠道引流，它还能让流量在不同平台间互相转换，借助不同平台的特性增强用户黏性并提升转化率。

在移动互联网时代，流量变得越来越分散，我们不可能在一个自媒体平台上找到所有的目标客户，所以我们必须“广撒网”，用自媒体矩阵把流量整合并引入我们自己的私域。

了解了什么是自媒体矩阵，接下来我们就来看看自媒体矩阵要如何搭建。

7.2.2 选择合适的矩阵平台

搭建自媒体矩阵的第一步，就是在不同的平台上注册账号。很多人在做这一步时都抱着“宁可错杀，不可放过”的心态，把自己知道的所有自媒体平台都注册一遍，如公众号、大鱼号、百家号、微博、知乎、抖音、快手、微视、趣头条、斗鱼、虎牙等。

事实上，这种方法是不可取的。我们在找平台时要从目标用户的角度出发，找到流量多、目标用户多、与品牌调性一致、内容对应的平台。通过以下两个步骤，我们就可以选出合适的自媒体矩阵平台。

1. 第一步：根据平台的特征粗略筛选

首先，我们要根据平台本身的特点来选择合适的平台。我们要看平台的主要用户群体和内容调性与我们的产品或内容是否相符。例如，我们要做一个情感类的自媒体矩阵，那么我们就要选择以下几个平台。

微博：在微博上女性活跃用户多，而情感类话题的主要受众也是女性。

知乎：我们可以从情感类的问题中，直接而精准地吸引目标用户。

抖音：抖音平台的流量大，涵盖的用户群体多，我们能从中找到自己的目标用户。

同时，因为上面泛流量足够多，我们可以从中筛选出不少我们需要的用户。

微信公众号：微信公众号有利于留存用户，可以增强黏性和提升转化率。

百度贴吧：百度贴吧是一个泛流量社区，上面有比较垂直的内容板块，我们可以从中找到自己的目标用户群体。

小红书、美柚、蘑菇街等：这些App上女性用户数量多，情感类话题能吸引她们的关注。

2. 第二步：根据用户的年龄和行为习惯筛选

不同年龄层次的用户会停留在不同的平台上，也有不同的行为习惯，因此我们要根据用户的年龄层次和行为习惯进一步筛选平台。

还是以情感类自媒体矩阵为例，如果我们专注的是婚姻和家庭方面的内容，那么主要目标用户年龄段就应该集中在30~40岁。这个年龄段的用户显然不会在B站活跃，所以我们就可以排除这个平台。而微博、贴吧的活跃用户大多也以年轻用户为主，而且这两个平台上的内容也以泛娱乐内容为主，所以我们不应该把这两个平台作为自媒体矩阵的核心。

微信和抖音用户年龄跨度大，覆盖人群广，内容种类也多，我们可以选择这两个平台，因为在这两个平台上我们能找到自己的目标用户。另外，我们还应该关注女性、母婴社区上的情感板块，因为这些平台上已婚女性较多，她们是我们的主要目标用户。

7.2.3　在平台内构建小矩阵

当我们在不同的自媒体平台注册账号，形成了自媒体大矩阵之后，还可以在平台内构建小矩阵。

例如，抖音上的“小金刚”火了以后，就以自己的主号“小金刚”为核心建立了一个账号矩阵，包括“可爱的金刚嫂”“金刚爸”“金刚妈”和

“万万学姐”（见图7-19），这个账号矩阵的内容定位都是家庭生活。其中主账号“小金刚”和四个小号互相引流，形成了一个平台内部的连锁私域流量池。

图7–19 以“小金刚”为核心的抖音账号矩阵

上面是个人的账号矩阵，每个账号都对应一个角色。企业同样可以在平台内部建立账号矩阵，不过每个账号对应的是不同的功能。例如，“美丽说”在微信平台上就有多个账号和端口（见表7-1），每个账号和端口针对不同的用户，可以满足不同用户的需求。

表7–1 “美丽说”微信平台账号矩阵

账号	目标用户	功能
美丽说	年轻女性	媒体传播
美丽说 HIGO	高收入女性	媒体传播
微信钱包入口	年轻女性	卖货
美丽说服务中心	年轻女性	卖货
美丽说黑板报	社会大众	媒体传播

“秋叶”系列抖音矩阵也是按照这个思路建立的，从账号的名字我们就能看出它们的定位和功能，如“秋叶Excel”“秋叶PPT”和“秋叶Word”（见图7-20）。

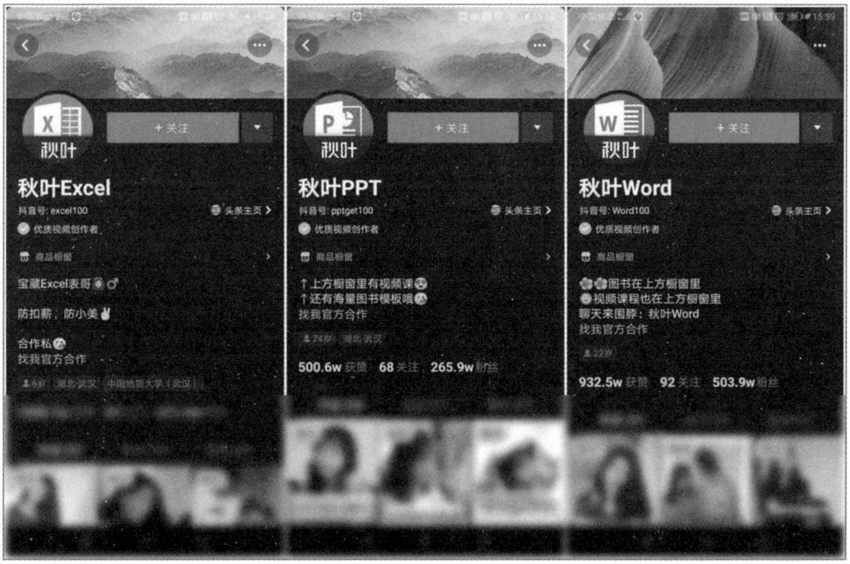

图7–20　“秋叶”系列抖音账号矩阵（部分）

企业在搭建平台内矩阵的时候也可以这种思路，把各个账号的功能和定位划分清晰，让不同用户群体的需求都能得到满足。在平台内构建账号矩阵可以让我们最大限度地从平台上获取流量。

不过，要注意的是我们在构建平台内小矩阵时，不能无限制地注册小号，因为每一个账号都需要内容支撑，如果我们不能挖掘出足以支撑一个账号的内容，就不应该盲目地去注册账号。我们必须知道，构建平台内小矩阵的目的是满足不同用户群体的需求，而不是盲目追求形式。

7.2.4　合理、按需分配内容

很多运营团队在打造自媒体矩阵的过程中都会遇到一个问题——没有足够的时间和精力去打造内容。于是，他们会采取一个偷懒的办法，把同样的内容一字不改地发布到各个平台，甚至连视频平台的内容都只是把图文平台上的文字内容加上了一段背景音乐播一遍。这种做法不仅不能起到“1+1>2”的效果，反而会引起用户反感。

正确的做法是根据平台的不同特点，发布有区别的内容，但由于客观条件所限，有些团队的确无法为每个平台定制内容，而且一个自媒体矩阵中的各个平台也有主次之分，因此我们必须对内容进行合理的分配。

例如，我们要做一个美妆类自媒体矩阵，那么我们可以在图文平台上发布美妆知识、新品介绍等内容，还可以在视频平台上发布美妆技巧教学内容，在电商平台上发布好物分享及“种草”内容。在直播平台上，我们也可以开通自己的频道，来做产品测评和粉丝互动等内容。

除了明确每个平台需要发布什么样的内容，我们还要合理使用内容。例如，有的选题既可以做成图文内容，也可以做成视频内容，只要以不同的形式表现出来就可以了，图文内容也可以转录成音频发布在音频平台上。

我们还要分清各个平台的主次，主要平台上的内容一定要精心打造，次要平台上的内容就可以直接搬运已有的内容，不需要再重新去做。只有按需、合理分配内容，我们才能提高运营效率，不浪费人力、物力和时间成本。总而言之，我们在搭建自媒体平台时必须要有针对性，要从运营目标、产品/品牌调性、用户属性、用户需求、变现方式等多个角度考虑，筛选出合适的平台。对于某些重点平台，我们要打造内部小矩阵，用不同的账号定位不同的内容，满足不同用户群体的需求。最后，我们还要学会合理地安排各平台的内容，提高矩阵运营效率。

7.3 短视频营销，助你引爆流量

在上一节中，我们谈到了自媒体营销，通过分析我们不难发现，自媒体的发展趋势是“从图文到短视频”。短视频这股热潮从2017年一直延续到现在。目前，它仍然是最火的营销方式。很多传统大品牌也纷纷加入短视频营销的阵营。

事实上，在视频移动化、资讯视频化和视频社交化的趋势下，越来越多的企业开始在短视频领域发力，它们纷纷在抖音、今日头条、大鱼号、企鹅号等短视频平台开展品牌营销活动。那么，企业做短视频营销的原因是什么呢？为什么这么多企业和品牌都要做短视频营销呢？

7.3.1 为什么大家都在做短视频营销

无论是个人创业者，还是企业都在利用短视频引爆流量，他们不约而同地选择短视频的原因不外乎以下几点。

1. 短视频是更具表达力的内容营销

在如今这个拼内容的时代，与单一讲述品牌故事相比，用情感和角色来打动用户才是更明智的选择，所以，我们的内容不仅要讲述情怀，还要引发共鸣。相较于传统图文内容，视频内容更丰富、更立体，可以把声音、画面、情感结合，可以让用户更真切地感受到企业品牌传递的情绪共鸣，是更具备表达力的内容业态。

例如，2018年母亲节来临之际，广誉远药业策划了一次名为“致敬母爱，分娩初体验”的主题活动。在活动中，首先短视频达人“恋珊妮”和“智勇别这样”发布了两条母爱相关视频。

“恋珊妮”在视频中让男友体验母亲分娩的痛苦，用幽默和温情的内容表达母爱的伟大；“智勇别这样”的视频则表达了关爱和理解更年期女性的主题。这两个视频的内容不仅与母亲节节庆主题相关，而且引发了大家的共鸣，于是视频一经发布就引发了大规模转发。

同时，广誉远药业还邀请男性群体体验母亲分娩和痛经的过程，并进行同步直播，这样的直播内容不仅有意义而且十分新鲜有趣，也吸引了大批网友“围观”。

通过此次活动，广誉远药业不仅升华了品牌形象，还借助短视频营销，成功融入了年轻人的阵营，摆脱了“落伍”“老龄化”的品牌印象，并与女性产生了深度情感共鸣。

2. 短视频是年轻一代的社交名片

用户年轻化已经成为企业必须考虑的问题。“90后”“95后”是年轻化用户的分水岭，这一代人是互联网时代的“原住民”，靠传统的纸媒、电梯楼宇广告等老的媒介渠道已不能引起他们的关注。相反，快速兴起的社交网络深得“90后”“95后”的偏爱。

研究表明，短视频是当下年轻化受众最潮流的社交方式。“你玩抖音吗？”“玩呀！你关注我，最近我在抖音拍了个短视频需要点赞分享。”像这样的对话，在当今的年轻人交流中广泛存在，短视频已成为新人类的社交名片。在这种大趋势下，企业当然要紧跟时代潮流，用短视频去触达年轻用户群体。

3. 短视频是大脑更喜欢的语言

据研究数据表明，大脑处理可视化内容的速度要比纯文字快60 000多倍。从生理角度的人体本能来分析，人更乐于接受短视频。而同时，当下忙碌的生活节奏让人们的时间变得碎片化，短视频的长度恰好可以填满碎片化时间，在通勤、等车、午休等场景内人们更愿意观看小视频这种轻松无负担的内容。因此，对企业来说，小视频的营销效果更佳，也更容易实现品效合一的传播效果。

4. 比传统广告片的成本更低、效果更好

传统的企业宣传片需要投入大量的人力、物力、财力，但是却收效甚微，而做短视频营销不仅成本低而且更容易被大家接受和认可。专业广告片需要专业的设备和团队才能制作，而制作短视频只需要一部手机，企业可以用最少的成本达到最好的宣传效果。

7.3.2 用短视频引爆流量的三大策略

对如今的企业来说，短视频营销是一个绕不开的话题。成功的短视频营销不仅可以提高品牌知名度，还能带来不少的流量转化。那么企业要如何利

用短视频引爆流量呢？以下有三大策略，希望能对大家有所帮助。

1. 找到可以引爆用户群的“社交话题”

熟悉社交媒体的人都知道，短视频平台其实也是社交媒体，只不过它的内容从图文变成了视频。既然我们在微博、微信等社交媒体上做营销要讲求互动性和社交性，那么短视频营销的核心也依然是互动和社交。做短视频营销，千万不能“自说自话”。

想要做一次成功的短视频营销，我们首先要找到一个能引爆用户群的“社交话题”，这个社交话题可以是目标用户切实关心的问题，也可以是时事热点。找到社交话题后，我们要借助短视频的丰富表达力来解答或讨论这个问题，并以此来吸引流量，让品牌推广内容获得大量曝光和传播。

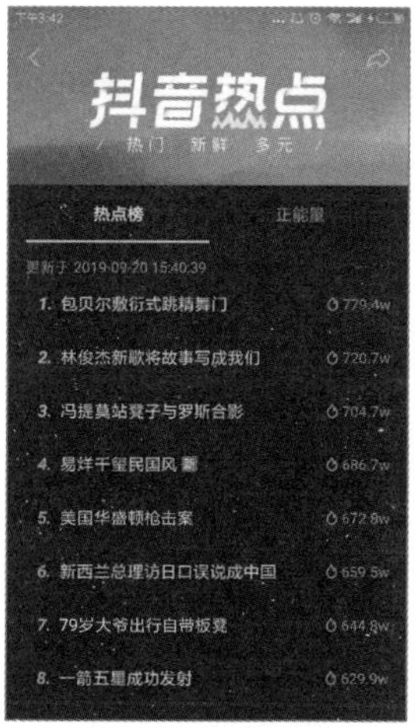

图7-21　抖音热点榜

社交话题怎么找呢？我们可以借助各大自媒体平台的话题榜和热搜榜，如抖音热点榜（见图7-21）和话题榜、微博热搜排行榜、百度指数等。这些话题榜上罗列了当下最热门的话题，我们可以从中选择与品牌或产品内容相关的话题。另外，选取了热门社交话题以后，千万不要忘记带上话题关键词，这样可以让用户更容易搜索到我们的视频。

2. 品牌宣传故事场景化

我们都不喜欢看广告，但却喜欢听故事，比起单纯的产品展示和产品介绍，用户更喜欢富有感染力的故事。讲故事的目的就是卖情怀，有人说“情怀”这个词已经被玩坏了，但是我们回过头看一看近年来热门的营销事件，哪个不是在贩卖情怀？

所以，把企业品牌理念提炼成一个元素或一种价值主张，然后融入一个富有感染力的故事，就可以很好地吸引用户、打动用户，让用户自发地分享视频，这样一来，品牌也就获得了持续的传播。

支付宝旗下的“花呗”就在抖音上发起了“1分钟坦白局”的话题（见图7-22），通过一个个与“钱”相关的小故事，向用户们传递了品牌理念。花呗联合六位抖音KOL，以“穷”“省钱”“花钱”为主题，分别策划了六个场景下的小故事，并拍成了视频。

图7-22 “花呗”短视频营销

这些故事包括催债、生活拮据、存款、私房钱等年轻用户关注的内容，故事中的主人公们都利用“花呗”解决了生活中的困难，看视频的观众也因此而加深了对“花呗”这个产品的印象。这六条原创短视频的总播放量已经超过了一千多万次，可见，人们对故事接受程度是非常高的。

3. 利用“网红”资源搭建情感纽带

在短视频营销的传播方式上，一是要找对沟通方式，而是要抓准渠道。“网红”本身就是短视频营销的渠道，他们在这个舞台的影响力甚至远超一些明星艺人，这种交互式的、自下而上的传播模式，更符合年轻人的认知模式，甚至在年轻人圈子中形成一种信任传递。借助“网红”资源的信任传递为品牌搭建与目标受众对话的情感纽带是引爆一次成功短视频营销的又一个关键。

7.4 抖音营销大战中，企业如何一骑绝尘

截至2020年1月5日，抖音日活跃用户数超过4亿人次。而且这个数据还在保持高速增长。庞大的用户数量，让抖音成为新的亿级流量池，也让它成为企业营销的新战场。

抖音营销大战已经硝烟四起，企业怎样才能突破重围，在众多竞争者中

一骑绝尘呢？相信很多人都会告诉我们这样的答案：“首先要做好账号定位，其次要打造优质内容，最后要积极与粉丝互动。”这个答案当然是正确的，可是很多账号都在努力做好这三点，但它们的数据仍然不好看，营销效果也没有达到。

所以，在本节中将不再去说“内容为王”这样的老生常谈，而是要从抖音平台推荐算法和企业“蓝V”特权这两个角度，来谈一谈如何做好企业的抖音营销。

7.4.1 弄清楚抖音推荐算法

要运营抖音就要了解抖音平台的推荐算法，简单来说，就是要知道抖音平台怎样分配流量、喜欢把流量分给哪类视频。了解了抖音推荐算法的运行机制以后，我们还要学会利用这套机制，让我们的视频获得更多推荐流量。

1. 抖音推荐算法的运行机制

抖音推荐算法是一种去中心化的算法，什么是去中心化呢？如果在一个系统中分布着多个节点，每个节点都是高度自治的，节点与节点的关系是平等的，而且这个系统没有固定的中心，每个节点都有可能成为阶段性的中心，那么，我们就可以说这个系统是去中心化的。

抖音的去中心化算法让每个人都有了成为“节点”的可能，也就是说，抖音推荐算法让我们每个人都有了爆红的机会。所以我们更应该学会利用它。我们可以把抖音推荐算法看成一个漏斗状的模型，这个模型可以被分为三层（见图7-23）。

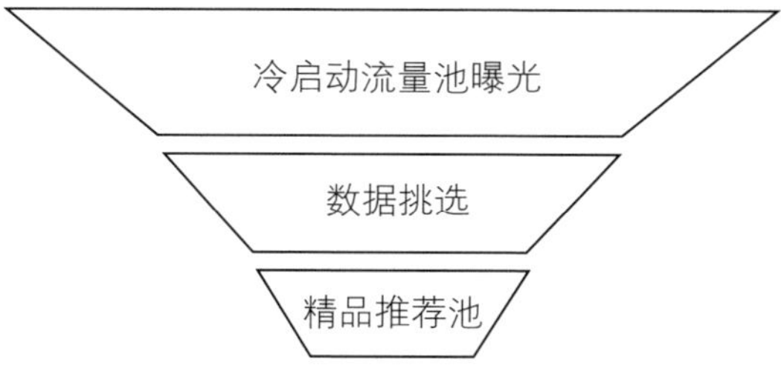

图7–23 抖音推荐算法模型

（1）冷启动流量池曝光。假设每天在抖音上有100万人上传短视频，抖音会随机给每个短视频分配些流量，这些流量就叫作冷启动流量池。例如，每个短视频通过审核发出后，平均有1 000人次的流量。

（2）数据挑选。短视频有了1 000人次的流量以后，抖音算法会分析所有获得冷启动流量的视频，并根据点赞、关注、评论、转发等各个维度的数据，挑出各项指标超过10%的视频，每条再平均分配10万人次的流量。

然后再看哪些视频是点赞、关注、转发、评论超过10%的，这些视频会被放进下一轮更大的流量池进行推荐。

（3）精品推荐池。通过一轮又一轮筛选后，点赞率、播放完成率、评论互动率等指标都极高的短视频才有机会进入精品推荐池。当用户打开抖音时，看到的那些动辄几十万、上百万点赞量的视频就是这么来的。

想更好地运营抖音号，就要学会利用抖音的推荐算法。

2. 如何利用抖音推荐算法

正确利用抖音推荐算法，可以帮我们的视频获得更多推荐流量，让抖音账号的质量更好。下面就为大家介绍运用抖音推荐算法获取流量的四大技巧。

（1）调整发布时间。统计显示，62%的用户会在饭前和睡前刷抖音，在通勤途中、饭前饭后、上洗手间等碎片化时间刷抖音的用户仅有10.9%。

最好的发布时间点没有统一的标准，业内流传的所谓的黄金发布时间（工作日中午12点、下午18点、晚上21点至22点、周五的晚上以及周末等）只是大家可能比较闲的时间段，我们最多只能把它们作为参考。

真正科学的发布时间是根据视频的目标受众来确定的。我们要考虑的是，视频的目标受众在哪个时间段状态最佳，以及他们在哪个时间段最有可能看视频。

举个例子，励志类、情感类视频在晚上21点至23点发是很适合的，因为这个时间段里人们都闲下来了，正是大发感慨、思绪万千的时刻，情感励志类的视频正好可以打动粉丝的心。

励志类、干货类视频的最佳发布时间是早上8点至9点和中午11点半至12点半，因为这两个时间段是人们精力比较旺盛的时段，学习的意愿也比较强。

事实上，视频发布的时间没有最好，只有最适合。

（2）提升四个指标。抖音推荐算法在评价视频在冷启动环节中的表现时，主要看点赞量、评论量、转发量和完播率这四个指标。因此，想获得更多推荐，我们就必须想办法提升这四个指标。我们可以采取如下方法。

方法一：在视频描述里，引导用户完成点赞、评论、转发，以及看完整个视频。例如，在视频描述和视频的开头、结尾写上“一定要看到最后”或“喜欢这个视频就快点赞吧”等。

方法二：为了进一步提升视频完播率，我们还要注意控制视频的时长。一般来说，时长控制在7~20秒的视频，可以得到一个比较高的完播率。如果视频内容不是很精彩，时长又超过20秒，那么完播率就不会很理想。

方法三：在视频描述里，设置一些互动问题，引导用户留言评论，提升评论量。

方法四：通过回复用户评论，提炼视频核心观点，引导更多用户参与到话题讨论中来，进一步提升评论量。

方法五：提前准备精彩评论。视频发出后，让事先安排好的人员把精彩评论发布在评论区，以此引导用户围绕这个话题展开更多互动。

（3）积极参与挑战。在抖音上成为热门视频的方式有很多，但最简单、效果最好的方式就是参与抖音“挑战赛”。

在抖音上，每天都会有不同的挑战，我们可以在抖音搜索页面的“话题”栏看到最热门的挑战赛，选择参加最热门或最有可能“火”的挑战赛，能提高视频上推荐的概率。

（4）持续维护优质视频。抖音的推荐算法有时候会“挖坟”（重新推荐老视频，让老视频再次获得关注），所以，优质的老视频也是有可能再次

“翻红”的。

因此，我们要持续维护自己的优质视频，不要让它完全冷下去，如果我们持续点赞、评论、转发，也许过段时间这个视频就会被推荐了。

看到这里，有人可能觉得运营抖音账号实在太麻烦了，前期没有粉丝时，可不可以“刷点儿粉”？笔者奉劝大家，这种小心思最好别动，因为抖音平台对“刷粉”的打击力度是比较大的，“刷粉”很有可能导致封号。

7.4.2 学会利用“蓝V”账号特权

为了构建一个完整的营销、推广体系，实现线上线下的互相引流，不断提升视频的曝光率和粉丝的转化率，抖音平台推出了辅助“蓝V”账号变现的三大利器：POI、快闪店、DOU+。

因此企业运营抖音号，一定要开通“蓝V”账号，并借助上面提到的三大利器，促进引流和销售转化。

1. 利用POI，实现线上线下联动

POI是利用LBS定位技术在视频中定位线下门店地理位置的功能，它是向线下店铺引流的一大利器。

只要“蓝V”账号认领了地址，就可以获得独家专享的唯一地址和抖音上的定位图标。对于商家来说，POI不仅仅是可以在视频中显示的一个地址，它还是和顾客交流的一个纽带，以及展示品牌信息的一个窗口。

品牌或企业可以通过POI展示地址、电话、推荐、优惠券、活动海报、专属二维码等内容，从而直接触达用户。

POI的玩法有很多种，可以和优惠券、挑战赛结合起来，下面我们来看看屈臣氏的成功案例。

2019年2月16日，屈臣氏发起的“2019做自己美有道理”挑战赛活动就充分利用了POI的特点和优势（见图7-24）。

图7–24　屈臣氏“2019做自己美有道理”活动相关视频

这场挑战赛的规则是这样的：

（1）粉丝在拍摄挑战视频时必须添加屈臣氏门店的地理位置，在加上挑战赛专属音乐和贴纸。

（2）参与挑战赛的粉丝有机会获得屈臣氏门店中魔盒的领取码。

上面这两条规则把线上用户引流到了线下门店，而获得魔盒领取码的粉丝又在抖音上发布开箱视频，吸引了更多人参与这场活动，线下体验又补充了线上内容，从而形成了一个完整的流量闭环。

有效的奖励机制可以激励粉丝积极参与，提升活动的曝光率，而POI链接则帮助屈臣氏把线上流量精准导流到各大实体门店，最大限度地拉动了线下门店的销售转化。屈臣氏借助POI实现了线上线下联动，仅仅3天时间，活动的参与人数就突破了20万，视频总播放量超过10亿次。

如果抖音“蓝V”号也有线下门店，且具有一定的知名度，也可以借鉴屈臣氏的做法，利用POI结合挑战赛的玩法，把线上流量导流到线下，再利用优惠手段促进线下销售。

2. 利用线上快闪店聚焦视线，提高销售转化

线下快闪店相信大家都不陌生，它是在城市的商业中心设置临时店铺，

并且要在较短的时间内推广品牌。而线上快闪店则是抖音针对“蓝V”账号开发的一个新玩法。所谓线上快闪店其实就是一个专题页面，粉丝可以在其中查看产品详情、观看相关视频，还可以直接购买或预约产品。线上快闪店可以聚焦粉丝的视线，降低从接触到购买这个过程之间的流失率。

抖音内快闪店的入口在“蓝V”账号的主页，它以全屏落地页的形式呈现，能带给粉丝沉浸式的视觉体验。它还有成本低、形式灵活、可收集数据等优点。

一般来说，快闪店适用于新品上市、限量产品发售、限时抢购、活动造势等场景，因为它可以营造出一种紧迫感，促使粉丝参与抢购，直接提升产品销量。企业还可以用发布短视频、直播、推广植入等手段助力快闪店。在抖音平台上第一个建立线上快闪店的“蓝V”账号是小米（见图7-25），这个快闪店的任务是发售新品——Redmi note7（昵称小金刚）。

为了充分发挥快闪店的作用，小米进行了一系列的预热活动。

首先，通过“小金刚能不能活过这一集”（见图7-26）系列短视频对即将上市的“小金刚”进行了铺天盖地式的宣传。这系列视频的主要内容是暴力测试“小金刚”的扛打击能力，让观众充分认识到小金刚的产品特性。

图7-25　小米线上快闪店

图7-26　“小金刚能不能活过这一集”视频

接着，小米创始人雷军也上传了抖音短视频，又为“小金刚”吸引了一波关注。线上造势成功后，小米召开了线下发布会，并在抖音平台上对发布会进行了直播。最后，小米官方“蓝V”账号发起了“拍抖音神器小金刚”的话题，并联合各路KOL共同发力，引爆市场。

在做足铺垫以后，小米快闪店隆重登场，成为促成粉丝购买的最后一个催化剂。相关数据显示，在为期8天的活动里，小米相关视频的播放量达到了2亿次，点赞数超过300万个，而快闪店内的小金刚新机1小时内售罄，预约申请达到了558万台。

抖音线上快闪店更多地起到的是聚焦视线和销售转化的作用，因此“蓝V”账号在建立线上快闪店之后，还要结合其他引流方法加强产品的曝光。

3. 利用DOU+，提升视频热度

DOU+是抖音平台上的视频“加热”工具，说白了，就是抖音官方的广告投放和推广平台，DOU+功能可以帮我们把视频推荐给更多潜在用户。当然，DOU+功能是要收取费用的，如果想让钱不白花，想让DOU+功能发挥应有的价值，我们就要学会合理运用它。

（1）拍出优质视频。我们要拍出一个有内容、有看点、有针对人群的优质视频。千万不要用随便拍的、低质量的视频上DOU+，否则我们只能买到几千播放量的数字而已，并不会对提升转化率有所帮助。我们用DOU+为视频“加热”的目的是提升曝光率并带来转化，单纯地提升数据是没有意义的。

（2）选择自定义用户群。我们在使用DOU+时一定要选择自定义用户群，即针对所推广的产品选择自定义的用户，这样做是为了把钱花在刀刃上。只有针对视频内容所对应的人群和地区进行精确投放，才能让DOU+发挥最大价值。

（3）做好视频的基础点赞量、播放量和评论量。最后，我们在投放DOU+之前，要做好视频内容的基础点赞量、播放量和评论量，不要用零点

赞、零留言的视频去投放DOU+。想象一下，当你在刷抖音的时候看到零点赞、零播放的视频时会有兴趣看下去吗？相信80%以上的人都会选择直接上划，根本不会仔细去看视频内容。

运营企业“蓝V”号绝不仅仅要做好视频内容，还要学会运用营销工具，帮助品牌进行线上线下相互引流，实现从“种草”到购买一步到位的转化。

第8章

以私域流量塑造品牌骄傲

塑造品牌是企业数字化营销的核心使命之一，企业必须利用私域流量提升品牌传播效率，让它为企业的品牌建设注入新的活力。企业还要准确地找到用户需求，解决用户需求，只有这样才能为用户创造品牌新体验。

8.1 天猫商家私域流量的经营之路

如今，把私域流量玩得最“溜”的人非电商商家们莫属，特别是天猫、淘宝、京东等大电商平台上的商家们。他们已经不满足于依靠平台上的公域流量获取盈利了，而是要把流量引入自己的私域，打造自己的品牌。

电商平台上的公域流量是指平台自身的流量，而商家的私域流量则是店铺自身主导的流量。如果电商商家们想要拥有更多回头客，以及进一步提升店铺的营业额，就要学会运营私域流量。

各大电商平台上的商家们运营私域流量的方法大同小异，无非借助各种方法吸粉、引流，把用户和粉丝牢牢“圈养”在自己的流量池内。下面，就以淘宝平台为例，谈一谈电商商家的私域流量运营之路。

8.1.1 淘宝平台上的私域流量来源

在淘宝网上，商家要获得公域流量并不是一件容易的事，除了要参与各种活动外，还要花钱做推广，否则很难获得客户，所以商家们都开始注重培育自己的私域流量。一般来说，淘宝平台上的私域流量来源有以下几种。

1. 微淘

微淘是淘宝平台上不可忽视的流量入口，它有一批高质量的稳定流量，所以商家们一定要做好店铺微淘的管理，尽量在微淘上多发布优质内容，这对于提升店铺或品牌形象是非常有好处的，而且还可以吸引顾客关注店铺微淘，扩大自己的私域流量池。

2. 淘宝直播间

淘宝直播间也是非常重要的流量入口，它不仅能起到宣传产品的作用，还能增强商家与顾客之间的互动。近两年，淘宝直播间也入驻了不少“网红”和带货达人，如薇娅、陈洁kiki、张大奕，很多品牌和店铺都与她们展开了合作，借助“网红”和KOL的影响力把流量引入自己的私域。

3. 店铺群聊

店铺群聊是建立在淘宝旺旺基础上的社群，它的运营方式和微信群、QQ群差不多。店铺群聊可以帮助商家培养忠实客户，提升转化率和复购率。不过店铺群聊的效果如何，还是要看运营方法。想要做好店铺群聊，商家就要学习一些社群运营的方法。

微淘、淘宝直播间和店铺群聊，无论哪一个流量入口都需要有高质量和趣味性的内容，商家们必须精心打理才能获得更多的私域流量。

8.1.2 如何“抢夺”私域流量

了解了几个关键流量入口以后，淘宝或天猫商家应该如何“抢夺”私域流量呢？我们来看看天猫店铺“张太和”是怎么做的吧！

1. 运营好店铺微淘

在不少商家的印象中，淘宝微淘就是引流推广工具，它的功能就是发广告，于是有些商家们的微淘内容全都是广告和宣传。事实上，这样的做法是不对的，过多的广告会让顾客反感，甚至会屏蔽店铺微淘。这其实和运营朋友圈的道理是一样的，一味刷广告是不会获得理想的营销效果的。

广告只能作为微淘的其中一部分内容，而且打广告也要讲究方法。商家可以在微淘中发一些有趣的段子，分享一些生活趣事或感言，让微淘内容变得更加生动一些。“张太和”的微淘内容就十分丰富，不仅有店铺福利活动、上新预告，还有买家秀和热点新闻。

2. 开通淘宝直播间

直播行业近几年一直非常火热，淘宝平台也开设了直播功能，不论是在手机端还是在PC端都可以开直播间。商家们可以请一些“网红”或KOL来帮自己进行直播带货，也可以用直播来给顾客发福利，如在直播中抽奖或打折。当然，直播平台不止淘宝一个，商家也可以在其他平台做直播，并将它们引流到自己的淘宝/天猫店铺。

3. 建立会员体系

很多天猫商家都成立了自己的店铺会员，因为会员制度对商家和顾客双方都是十分有利的。成为会员后顾客可以享受店铺的各种优惠活动，以及特殊权益。而商家则可以通过会员系统把私域流量池维护得更加稳固。在第10章中，将用专门的篇幅来讲解搭建会员体系的方法，在这里就不赘述了。

4. 设置搜索关键词

大多数顾客在天猫或淘宝网上买东西时，都会首先输入关键词，并在众多店铺中筛选自己所需的商品。可是，商家们私域流量池内的顾客则不同，他们都是商家的忠实客户，他们会直接选择自己关注的店铺，并在该店铺内购买自己所需的商品。

为了让老客户第一时间找到自己，商家应该打造好自己店铺的搜索关键词和店铺标签，让老客户在搜索商品时第一时间找到自己。除此以外，商家还要做好老客户维系工作，多开展针对老客户的优惠活动，店铺上新也要第一时间通知老客户，引导老客户回购。这是淘宝/天猫商家们“抢夺”私域流量的第一步。

私域流量是电商商家沉淀客户、打造品牌的最佳手段，商家们要抓住关键流量入口，把符合品牌/店铺定位的顾客都引入自己的私域流量池。

8.2 数字化时代下品牌如何进行营销

数字化媒体的普及颠覆了过去的生活方式和消费理念，给企业的品牌建设带来了新的挑战。企业必须借助新思维、新工具、新技术，全方位地对目标客户施加影响，让他们更了解品牌、信任品牌，进而选择品牌。数字化时代的市场竞争也更加激烈，企业不仅要面对本土竞争对手，还要面对坐拥巨额资本的“国际大鳄”；除了要与同行竞争，还要提防来势汹汹的跨界者。

所以，企业必须充分挖掘客户需求，深入了解消费者的兴趣和偏好。只有这样，才能有针对性地为消费者提供更优质的产品和服务，并在消费者中创造良好口碑。有了好口碑，企业才能打造和建设消费者信赖的品牌。

8.2.1 深度挖掘用户需求

深度挖掘用户需求可以分三步完成，第一步是找到用户需求，第二步是分析用户需求，第三步是描述用户需求。

1. 找到用户需求

通常，我们可以采用以下两种方式来找到用户的心理需求。

（1）针对用户进行场景分析。我们可以通过某个属性对用户进行分类，用户的属性一般包括地域属性、行为属性、年龄属性和社会角色属性等。我们可以通过坐标轴的形式进行场景分析，如以用户的年龄属性进行场景分析（见图8-1）。

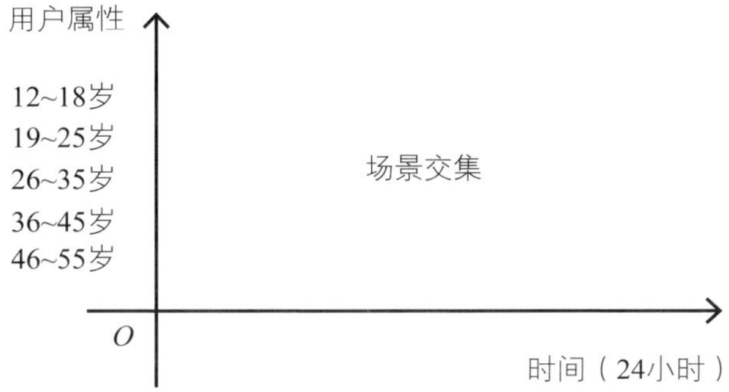

图8-1 场景分析坐标示意图

从图8-1中我们得知，年龄阶段不同的用户在24小时内每个小时所做的频率最高事，就是最佳场景。我们可以借助这个坐标图把所有的最佳场景记录下来，接着找用户的时间交叉点，然后再按照年龄对用户行为进行划分。例如，很多做读书分享的抖音主播，就是采用场景分析坐标示意图来明确用户有晚上八点读书的行为需求的。因此，这些抖音主播就可以有针对性地发布关于这些用户需求的短视频内容。

（2）针对数据进行分析。在此，以电商为例做介绍。做电商的公司都会对用户数据进行收集、归纳和分析，从而找到自己用户真正的需求。它们一般都会先收集用户的数据，用户数据包括网站首页浏览量、产品单品页面浏览量、用户搜索习惯和产品订单数据等，了解这些数据之后，再进行头脑风暴，最后把这些数据进行有效的整合，从中找到用户的真正需求。

2. 分析用户需求

在找到用户的需求之后，再对用户的需求进行分析。在分析用户需求的时候，我们应当将用户需求划分为粉丝用户需求和普通用户需求两种。这样划分的好处是，我们能有针对性地掌握他们各自的真正需求。一般在分析用户需求的过程中，我们可以借助数据分析模型。

3. 描述用户需求

在完成用户需求分析的步骤之后，接下来就要对用户的需求进行描述了。不过在描述用户需求之前，我们还需要验证一下我们前面整合过的用户数据，确保我们拿到手中的用户数据是真实有效的，它们代表着用户真正的需求。这样才方便我们对用户为满足需求而产生的目的、行为等细节进行量化，具体做法可以通过以下三个步骤来完成：

（1）依据自己的主观判断，以观察或交流的方式。

（2）将用户需求以数据形式描述，并对数据进行过滤。

（3）将用户需求以用户画像等方式描述出来。

等我们完成描述用户需求这个步骤后，我们才能够针对用户需求制定消费策略。

8.2.2 与客户建立深度互动

企业要与客户进行充分的沟通交流，并及时调整和创新营销策略，引发客户的情感共鸣，这样才能沉淀一批忠实客户。企业与客户建立深度互动的方法有以下几点。

1. 满足客户需求

在与客户沟通的过程中，企业要满足客户的利益。这种利益分为长期利益和短期利益，短期利益主要包括专业咨询意见、新产品信息、更优惠的价格等；长期利益包括优质的服务、来自企业的关注、企业品牌带来的情感满足等。

为了满足客户的短期利益，企业可以采取很多不同的方式，但从实际效果来看，向客户提供更优惠的价格或更低的折扣是最为有效的方法。

如果要满足客户的长期利益，企业要做两个方面的努力：一是为客户提供优质而完善的售后服务，并提升全体员工的服务意识；二是及时关注客户。企业可以定期邀请客户参与企业的各种活动，如新产品试用、参与现场发布会等。

2. 通过种子客户、意见领袖对目标客户施加影响

在与客户建立深度互动的过程中，企业可以通过忠实的种子客户，以及影响力较大的意见领袖对目标客户群体持续地施加影响。企业可以利用数据分析找出种子客户，或者在目标客户中找出一个或多个影响力较大的意见领袖，与他们合作可以进行低成本、大范围的品牌传播和推广。

3. 利用社交媒体与客户深度互动

营销特许协会、网络调研公司You Gov和彭博社共同发布了一个社交营销社会诚信调研，调研结果显示56%的消费者对社交媒体中的品牌持友好和开放的态度，而且随着诚信机制的不断完善，这个比例还会不断增长。所以，社交媒体是一个品牌与消费者建立深度互动的良好渠道。

4. 利用多种数字化渠道维护客户关系

数字化渠道除了能够帮助企业获得海量的用户数据、进行大范围品牌传播，还能帮助企业搭建与客户之间的桥梁。有了数字化的桥梁，企业就可以更积极地与客户互动、更好地维护客户关系，从而赢得客户的信任和认可，提高客户对品牌的忠诚度。

总而言之，品牌管理者和企业经营者要抓住数字化时代的机遇，积极地在各种数字化媒体平台中与客户互动，分享产品和品牌信息，利用各种方法与客户深度互动。

8.2.3　打造数字化的品牌体验

不少企业已经在迎合时代发展潮流，通过数字化品牌战略，向客户全方位、深入、立体化地展示品牌形象，并通过打造数字化的品牌体验，来获取客户的信任和忠诚。

为消费者打造数字化的品牌体验，是企业品牌建设的重要一环，而打造数字化品牌体验的关键在于以下几点。

1. 保持品牌体验在线上和线下的一致性

企业不应该把数字化媒体看成唯一的、单独的渠道，而是要把线上渠道和线下渠道相融合，让线上与线下高度协作，为客户创造现实与虚拟的无缝链接。

2. 对数字化媒体渠道进行高效运营和维护

对数字化媒体渠道进行高效的运营和维护，是确保企业品牌竞争力的保障，是完善客户品牌体验的基础。因为，企业通过数字化媒体获取用户反馈后，可以及时对自己的业务流程和服务体验进行优化。

当企业发现网络上出现对品牌的负面评价时，要及时了解用户做出负面评价的原因，并及时解决问题，改善用户的品牌体验，挽回品牌在该用户心目中的形象。

只有对数字化媒体渠道进行高效的维护和运营，企业才能及时掌握目标客户动态，察觉他们的心理变化，从而根据这些动态做出调整和改变，为客户带来完美的品牌体验。

8.2.4 建立品牌与客户的情感共鸣

在以客户为中心的数字化商业时代，客户的需求和行为习惯的变化，以及数字化媒体的普及，共同推动了品牌传播模式的变革。企业要建设品牌、塑造良好的品牌形象就必须牢牢把握客户的心理，让他们和品牌建立情感共鸣。

客户与品牌发生情感共鸣是指客户受到品牌的影响，并对品牌产生比较高的忠诚度。从实操的角度来看，企业可以通过下面几个步骤来让消费者与品牌产生共鸣。

1. 推广品牌

通过微信、微博、贴吧等数字化媒体推广品牌，在目标客户的心目中形成比较清晰的品牌形象。

2. 突出品牌特性

利用数字化媒体突出品牌特性，强调与竞争对手之间的差异，吸引特定群体的关注。

3. 了解客户对品牌的体验

通过数字化媒体了解客户对品牌的观感和具体的品牌体验，并向客户传递品牌主张，为客户创造价值。

4. 与客户互动

通过数字化媒体和客户进行互动交流，提升客户的忠诚度，最终让客户与品牌产生情感共鸣。

如果企业还像传统大众媒体时代一样，对目标客户采取狂轰滥炸式的营销方式，只会让消费者和目标客户对品牌反感和产生抵触情绪。而运用数字化媒体与目标客户进行互动，让他们参与到企业的营销环节中，与企业共同打造品牌，才是数字化时代企业进行品牌建设的最佳途径。

8.3 企业如何利用私域流量进行品牌传播

在这个“酒香也怕巷子深”的时代里，好产品、好企业都离不开品牌传播，如果一个品牌没有优秀的传播策略，那么就很有可能“在沉默中灭亡”。有的品牌已经深刻意识到了这一点，纷纷寻求新的品牌传播策略。

在品牌传播效率和品牌忠诚度培养上，私域流量有着无可比拟的优势。把客户“圈养”在自己的流量池内，再通过忠诚度高的老客户进行裂变传播，还有比这更加高效的品牌传播方式吗?

8.3.1 私域流量对企业品牌传播的作用

移动互联网的发展，让数字媒体深入我们生活的每一个场景，也就是说，企业每时每刻都可以培育自己的私域流量，并利用私域流量做品牌传播。总的来说，私域流量在品牌的传播上会起到提升品牌溢价、引导消费决策、沉淀忠实客户这三个方面的作用。

1. 提升品牌溢价

许多企业也已经意识到品牌的传播离不开自媒体平台，但是又对自媒体平台的价值缺乏足够的认识。这些企业仅仅把自媒体平台当作一种新型营销渠道，却忽视了它在提升品牌溢价方面的作用。

企业通过流量庞大的自媒体平台发布促销打折信息，的确可以吸引大量的消费者，在短时间内也可以获得高额的成交。但这对企业的品牌形象来说是很不利的，一味地打折会让消费者形成“这个品牌很廉价”的印象，这对品牌来说是一个很负面的形象。

实际上，自媒体平台可以很好地提升品牌价值，帮助企业传播和树立品牌形象。在互联网刚刚崛起时，有人提出“品牌将死”的论调，他们认为互联网让信息流通的效率更高，人们可以很便捷地利用互联网对产品的价格、功能、品质进行比较和分析，从而做出消费决策。这种论调明显地把人们看成了“完美消费者”，忽略了消费决策中的情感因素。实际上，品牌带给消费者的信任感及心理上的满足感在消费决策中起着关键作用。

在数字化时代，人们可以利用智能手机在各个自媒体平台上，随时随地地分享和传播自己喜欢和信任的品牌。在这个分享和传播的过程中，人们会投入大量的感情，对品牌极尽溢美之词，使品牌的知名度和影响力得到提升。而对那些已经形成负面印象的品牌，人们也会通过自媒体进行评论，并揭露品牌的短处，这样的负面评论会直接影响品牌产品的销量。

那些具有影响力的奢侈品品牌，都有很高的品牌溢价。那是因为那些奢侈品品牌代表了更高的品质，以及某种特定的生活方式和消费观念。让这些信息得以快速传播的正是自媒体，它帮助企业大范围、快速传播正面信息，使品牌具有更高的辨识度和影响力，进而提高了品牌的溢价能力，实现了更高的品牌价值。

2. 引导消费决策

在过去生产力不足的时代，市场由卖方决定，所以利用大众媒体做营销和推广也会取得不错的效果。但是，进入数字化时代以后，传统大众媒体的集中性被打破，市场被买方主导，产品日益同质化，价格战打响，市场竞争已经进入了白热化的阶段。

影响消费决策的因素也发生了变化，以前人们着重考虑产品的功能、价格、是否实用等，现在人们首先考虑的是品牌。消费者会从几家有影响力的品牌中进行筛选，并根据自己的需要来做出消费决策。

一个品牌之所以会被用户选择，很大程度上是因为该品牌的好口碑。过去，品牌的口碑靠大家慢慢地口耳相传，而且人们能接触到的品牌也十分有限。但是现在，人们可以轻易地从互联网上获取品牌和产品的信息，良好的口碑可以让产品一夜爆红。

用户在自媒体平台上发布的产品信息、产品使用体验等，会对其他人的消费决策产生影响。如果一个品牌在互联网上有很好的口碑，那么这个品牌的产品一定会成为爆款；如果一个品牌在互联网上留下的都是负面评价，那么这个品牌离“死亡”也就不远了。所以，企业要积极地借助自媒体平台传播品牌正面内容，引导消费者做出消费决策，让他们选择我们的品牌。

3. 沉淀忠实客户

在这个时代，人们的表达欲望变得空前强烈，会对自己生活中发生的各种事通过自媒体平台进行分享和传播，其中，分享购物体验和产品使用体验的不在少数。所以，企业想要培养忠实客户，除了要提高重复购买率或为用户提供增值服务，还要让客户分享和传播有利于品牌的评论和正面的产品体验等。在实际操作的过程中，企业要充分思考以下三个问题：

应该制定怎样的营销策略，来提高消费者对品牌的忠诚度？

应该怎样提高现有客户群体的分享积极性，把他们变成品牌的传播者？

怎样利用数字化工具为客户创造优质而完善的购物体验?

客户购买了品牌的产品，并不代表他就是品牌的忠实粉丝，在他体验产品和接触品牌信息的过程中，会逐渐形成对品牌的印象。如果客户在这个过程中认可了品牌，就会重复购买产品，并成为品牌的积极传播者；如果客户在这个过程中对品牌产生不满，就不会进行二次购买，还有可能传播品牌的负面信息。

所以，在体验产品和接触品牌信息的过程中，企业要充分利用自媒体平台，去影响客户、收集客户的反馈信息、反思自己的劣势和短处，并对产品和服务进行优化和完善，让客户成为品牌的忠实粉丝。

8.3.2 数字化品牌传播的实战策略

企业要提高品牌的传播效率，增加企业的竞争力，就应该改变传统思维，规避误区，充分利用自媒体平台上的私域流量。在实战中，企业可以尝试采取以下四大策略。

1. 抢占流量入口

抢占流量入口，就是在各大数字自媒体平台上抢占消费者的视线，形成有规模的、高效的传播矩阵，让品牌的覆盖面积更大、曝光率更高。目前的主要流量入口有微博、微信、短视频平台、社区等。

微信是一个熟人社交平台，非常有利于品牌做圈层扩散，链条式传播和病毒式传播都能很快地触达核心圈层的消费者。如果我们做的是美妆品牌，那么我们可以通过皮肤测试、颜值测试或知识问答等活动或小游戏来进行品牌的社交裂变，从而达到快速接触消费者、了解消费者需求的目的，让品牌在目标人群面前充分曝光。

微博是一个更为开放、用户群体更多样的平台，我们可以通过热搜榜、话题、抽奖、开屏广告等方式向大众消费者推广品牌。如果我们的品牌需要大范围曝光，微博是一个很好的选择。以抖音为代表的短视频也是目前最热门的流量入口，短视频内容丰富、包含的信息量大，可以展现更丰富的品牌形象。

贴吧、知乎、虎扑等社区也是品牌需要关注的自媒体平台，这些平台都有不小的影响力和较大的用户规模，是抢占消费者视线的重要阵地。

2. 打造优质内容

当我们抢占了流量入口，占据消费者视线之后，接下来就要打造优质内容。内容是品牌数字化营销的核心之一，优质内容可以让品牌传播的效率翻倍，而不好的内容则有可能伤害品牌形象，引起消费者反感。

用于品牌传播和营销的内容一定要具备互动性和传播性，不仅要能够引起消费者的转发，还要吸引消费者参与创作。

3. 引导用户生产UGC

UGC（User Generated Content）是用户生产内容，也就是用户原创内容。企业不仅要为消费者提供优质内容，还要引导消费者自己生产内容，形成优质的私域内容池，进一步助推品牌的传播。例如，企业在抖音上发布内容，在抖音红人的带领下，更多用户参与制作拍摄同类视频，这样一来就能产生更多有趣的内容。

4. 形成声浪，引爆传播

形成声浪的阶段就是品牌传播的高潮阶段，如果前几步做得好，就能够自然地形成声浪，快速抢占消费者的视线。在形成声浪的阶段，品牌会自动接触更多的消费者，消费者甚至会主动搜索品牌信息。

私域流量是提升品牌传播效率和品牌吸引力的最佳手段，所以企业要提高品牌传播的效率，让它为企业的品牌建设注入新的活力。

8.4 如何才能成功打造品牌新体验

在这个信息爆炸、物质极大丰富的现代社会中，人们的消费选择变得极为丰富。面对五花八门的产品和品牌，人们已经不再满足于追求产品的功能与质量了，而是希望借助品牌来展示个性，表达自我。通过品牌，人们可以获得更深层次的归属感和价值感。

当代消费者们多元化、深层次的消费需求对品牌提出了更高的要求，同时也让优秀的品牌更容易获得成功。这对企业来说，是机遇也是挑战。机遇是：人们对品牌有了更强的识别能力，对品牌文化和品牌价值更加接受和认同，而且人们对喜爱的品牌都有很高的忠诚度。挑战是：如何在多如牛毛的同类型品牌中脱颖而出，让消费者认同品牌、喜爱品牌。

经济学家深度研究现代消费者的决策过程后发现：消费者在做消费决策时，感性因素发挥的作用要大于理性因素，也就是说消费者在决定是否购买产品时，会更多地受到感性因素的影响。所以我们在营销过程中要精准感知客户、回应客户，做到以客户为中心。

为了把“以客户为中心”落地，企业应该深刻地意识到“互联网体验”并不是“品牌体验”。现在，几乎所有的企业都在微博、微信、天猫等多个渠道进行了营销布局，但是，这只是一种数字化的宣传方式，并不是真正的品牌体验。

品牌体验的打造并不仅仅是建立数字化营销渠道，而是需要品牌真正做到“以客户为中心”，从消费全过程的体验出发，与客户建立多点链接，在与客户的每个接触点都为客户提供最佳体验。只有这样，品牌才能真正获得客户的认可和忠诚。在充分了解客户、建立与客户的多点接触以后，企业还要向消费者传递品牌理念。品牌理念是能对消费者产生吸引、培养消费者忠诚度、建立品牌优势的价值观念。

例如，世界家具零售业巨头宜家的品牌理念是“以多样、平价、精美、高质的家居产品打造美好的家居生活环境”。而且宜家在从生产到销售的整个过程中，都把品牌理念贯穿其中，始终坚持平价、精美、以人为本的理念，并因此受到了客户的认可和信赖。

为了打造全新的、优质的品牌体验，企业应该从以下两个方面入手。

8.4.1 信守品牌承诺，实现无缝交互

确立了品牌理念以后，企业接下来就要设计一个明确、可信、有吸引力的品牌承诺，并把它传递下去。品牌承诺是对品牌理念的贯彻和落实，它不能只是单纯地描述产品，而是应该通过一个引人入胜的故事来吸引消费者，让消费者产生认同感。

1. 践行品牌承诺

传递品牌承诺需要企业、员工和客户的共同参与。首先，企业要把品牌理念和品牌承诺清晰而准确地传达给员工，让员工认识它的意义和价值。其次，企业要为员工落实和传递品牌提供工具和权利支撑。最后，要用有力的激励手段激励员工践行品牌承诺，积极为客户提供好的品牌体验。

迪斯尼就是一个成功传递品牌承诺的例子，它的品牌理念是“快乐”，它的品牌承诺是“创造快乐，传递快乐”。迪斯尼的所有员工都对品牌理念和品牌承诺深信不疑，并坚持为之努力。在迪斯尼所有的主题乐园中，员工是创造快乐的“剧组成员”，顾客是观看表演的“嘉宾”，员工通过表演为顾客带来欢乐，顾客则通过自己的感受传递欢乐。如此一来，迪斯尼在顾客心目中，就不再是一个追逐利益的企业了，而是一个产生快乐和幸福的地方。

2. 与客户的无缝沟通

打造品牌体验的关键是与消费者进行无缝沟通，实现无缝沟通的关键点是人、内容、时间、地点与接触点。下面，我们分别来看看这些因素能发挥什么样的关键作用。

（1）人。这里的人指的是目标客户，品牌要站在目标客户的角度去实现无缝沟通。任何品牌都不可能吸引所有的人，所以企业要精准定位目标客户，选对品牌体验的主体对象。

（2）内容。明确目标客户后，企业还要根据目标客户的需求，打造最适

宜的内容。有了适合的内容，与客户的沟通才是有效的。

（3）时间。品牌与客户的沟通不是一次性的，而是一个持续的过程，所以品牌要根据沟通的时间和次数来调整沟通策略。例如，某租车公司第二次与客户联系时，工作人员就会在称呼客户时加上客户的姓氏，称他们为“某女士”“某先生”，这样就比单纯的“您好”更能拉近与客户的距离。

（4）地点与接触点。品牌应选择最合适的互动场景，以及与客户的最佳接触点，这样才能真正理解客户的痛点和需求。

8.4.2 创新传播途径，重塑品牌体验

企业确定了品牌理念和品牌承诺以后，还要想办法把它们传递给客户，所以企业要在品牌传播途径上创新。品牌传播途径创新的策略有以下三点。

1. 关注品牌文化建设，重视受众体验

企业要重塑消费者体验，就要重视品牌的文化建设，要将无形的品牌价值、品牌文化融入有形的产品和服务中，让客户可以具体地感受到品牌的文化理念。企业还可以开展相应的产品体验活动，在活动中传播品牌文化，并让客户有切实的体验。客户通过品牌文化的熏陶和良好体验的感染，一定能对品牌产生很好的印象，进而发展成为品牌的忠实客户。

2. 合理定位品牌风格，树立良好品牌形象

无论企业追求的是短期变现收益还是长期发展，都需要构建清晰、明确的品牌形象。也就是说，企业要在品牌传播信息中融入企业文化和价值理念等内容，使消费者对产品和品牌有更全面的认知，进而对品牌产生认同。要达到这个目的，企业就要科学地定位品牌的风格，让品牌在消费者心中形成特定的形象。

企业在定位品牌风格时，要始终围绕目标客户需求和行为习惯，输出客户所认同的正面价值观，树立良好的品牌形象。

3. 结合传统媒体，提升品质

虽然数字化媒体已经成为企业传播品牌的首选渠道，但是传统媒体在企业的品牌形象塑造上也具有重要价值。与互联网信息相比，人们会认为电视、报纸和杂志等传统媒体上的信息更有可信度。所以，传统媒体在打造品牌正面形象、提升服务品质和促成交易等方面仍然有一定优势。

企业在充分利用数字化媒体传播品牌的同时，也可以结合传统的社会化媒体，两者双管齐下，让品牌的形象更高端、更有品质。

如今，很多传统企业都走上了重塑品牌体验之路，有的企业已经成功了，而有的企业还在摸索中。其实，做好品牌体验的关键点有两个，一是以客户为中心，二是注重品牌文化和品牌承诺。只要抓住这两点，相信企业一定能成功地打造品牌体验。

第9章

互动营销，全方位接触用户

单方面的宣传营销已经过时了，企业需要时刻与用户保持互动，所以企业需要通过互动营销来全方位接触用户。互动营销是指企业利用一切可以触达目标用户的互联网平台，与消费者进行沟通和互动的营销手段。互动营销的核心就是企业和用户之间的全方位互动，这种互动贯穿了消费的整个流程，以及与用户接触的每一个环节。

9.1 互动营销的本质是什么

“我是不是下半生不用工作了？”随着“信小呆”发出这条微博，持续时间长达一周、转发量超过300万次、数百家企业联合参加的“中国锦鲤”活动尘埃落定。“信小呆”感叹着自己是否不用工作了，支付宝则诙谐地回复她：“我还要继续工作。”支付宝确实还要继续工作，“中国锦鲤”于中奖者而言是天降好运，而对支付宝和那些参与“中国锦鲤”活动的企业而言，则是一场精心策划的营销活动，是互动营销的起点。

随着互联网与社交平台的发展，数字化营销已经成为企业营销不可或缺的一环。而互动营销更是企业营销活动的重中之重，把握好互动营销就可以说掌握了社交媒体的营销命脉。

那么，互动营销具体指的是什么呢？我们又该如何做好一场互动营销呢？

9.1.1 什么是互动营销

要弄明白“互动营销”是什么，首先得理解“互动”是什么。现代汉语词典中给“互动”下的定义是彼此联系，相互作用的过程。而所谓的“互动营销”就是企业基于互联网，利用一切可以触达消费者的平台与消费者进行双向沟通的营销手段。从根本上来说，“互动营销”是建立起生产者与消费者之间的联系纽带，让消费者与生产者产生紧密的联系，并且让消费者在互动中成为企业品牌的忠实用户。

生产者与消费者之间的互动沟通、个性化沟通可以让企业在销售中充满活力。通过互动，消费者会产生自己在“定制产品”的感受，这样的代入感会让消费者愿意更主动地去了解产品，同时发自内心地去对那些合乎心意的产品进行推广与传播，这样由消费者自发分享的行为可以更好地提升品牌口碑，达到促进销售转化的目的。

前文提到的“中国锦鲤”活动就是非常典型的互动营销案例，支付宝利用社交媒体平台发布活动，各大企业合力提供奖励，用丰厚的奖励吸引消费者主动扩散传播活动，从而达到通过互动推广品牌的目的。

除了微博，微信也是时下最流行的社交平台之一。每天仅仅是朋友圈分享的链接数量就达到了30亿个，如何能把这些消费者之间共享的信息利用起来，形成商家与消费者之间的互动，是一门所有营销人都必须掌握的大学问。

9.1.2 互动营销的三要素

1. 利益驱动

利益并不等价于金钱，但利益并不能完全脱离物质收益。试想，同样是转发抽奖，如果奖品仅仅价值五元，你是否还愿意参加呢？如果转发抽奖价值太低的奖品，奖品本身可能还没有邮费成本高，这样的活动许多人甚至连动动手指按下转发键的兴趣都不会有，那么这样的互动自然无法起到营销产品的效果，还很有可能因为缺乏诚意引起消费者的反感，得不偿失。又如果你转发抽奖，无门槛给每个参与活动的人发一两元现金，当然会有人参加，但这些参加活动的人，很可能在拿到钱之后马上取消关注活动主办方，同样无法达到营销的目的。

因此，在进行互动营销之前，要先明确互动的受众及其喜好，投其所好，不要吝惜金钱，也不盲目砸钱，要确保在互动营销后消费者仍然对你营销的产品有兴趣，这样才是有效的互动营销。

2. 参与感

互动营销的基础就是企业和消费者的互动，因此让消费者产生“参与感”是设计互动营销活动的基础。参与活动的门槛也不应该过高，否则消费者看到苛刻的条件就会望而却步。以“中国锦鲤”为例，微博用户转发支付宝的微博，支付宝通过抽奖平台抽奖。转发微博这种形式的活动方式，无须消费者为参加活动付出高昂代价，手指一动就有机会获得大奖，消费者自然乐于参与。

3. 新奇感

在互联网高度发达的当下，消费者每天都要接收海量信息。网络热点一天一个样，常常还没消化完这个热点话题，全新的热点就已经出现了。在这样的环境下，如果互动营销的手段缺乏创意，仅仅是看什么互动营销模式最流行就模仿哪种营销方式展开活动，你的营销活动就会埋没在大量同类型的营销活动中，最后落得无人问津。

9.1.3 互动营销能带来什么

在前文中，我们已经介绍了互动营销的含义和三大要素，那么，互动营销究竟具有什么样的魔力？能给企业带来什么呢？为什么那么多企业，纷纷踏上了互动营销的征程呢？其实，归纳起来，互动营销的优势主要体现在以下两点。

1. 可以树立良好的品牌形象

通过精心策划的互动营销，可以给公司树立一个良好的品牌形象。这种良好的形象会让消费者对企业品牌产生更深刻的印象，也会有更深的好感。

如今的消费者，许多已经不仅仅满足于物美价廉的商品，而是更青睐品牌效应，甚至会为了那些自己喜欢的品牌在一定程度内溢价消费，因此树立品牌形象是十分重要的。

2. 可以调动消费者的情绪

在生活中，我们常常会有这样的体验：看到坏人欺凌被拐卖的孩子时，会产生愤怒感，这种愤怒感会让我们想要保护那些被虐待的孩子；看到美丽的照片或有趣的笑话时，我们会产生愉悦感，这种愉悦感让我们想要把这些笑话和照片分享给亲朋好友。而互动营销利用的就是大众的这种心理，通过互动营销，消费者的情绪能够被调动起来。

我们不妨思考这样一个问题：为什么消费者愿意参与讨论一个热门话题或参与一个热门活动呢？说白了，其实是因为消费者觉得这件事非常有趣，参与这件事能够让他们的情感得到一些满足。例如，“中国锦鲤”利用的其实就是微博上流行的锦鲤热。在微博上，流传着转发锦鲤、对锦鲤许愿可能会实现愿望的说法，这样的说法让许多人把自己的情感寄托于锦鲤，在这种背景下，支付宝举办的互动营销活动能让每个人都有机会成为锦鲤，自然就切合了微博受众的感情寄托。

在社交媒体高度发达的今天，仅仅通过广告单方面向消费者灌输信息的营销手段已经过时了。消费者需要互动、需要体验，只有用心设计新颖的互动营销活动吸引消费者的目光，让企业与消费者之间的互动、消费者与消费者之间的互动成为企业营销方针的一部分，以互动带动消费者分享自己的体验，以此吸引更多的消费者，才是成功、完整的营销，这也是互动营销的最大优势。

9.2 做互动营销时，为什么没人理你

我们在为企业做营销服务时，发现许多的企业家都会有这样的困扰：在实际运用互动营销开展活动的时候，总是觉得心有余而力不足，明明活动策划得细致入微，看上去充满吸引力，然而实际参与活动的消费者却寥寥无几。

那么，企业究竟应该怎么策划一场活动才能吸引更多人来参与互动呢？策划互动营销的时候又有哪些小窍门呢？下面的内容，或许可以给你一些启示。

9.2.1 互动营销的六大关键词

结合笔者多年的工作经验，以及一些成功的互动营销的做法，总结出了构建互动营销活动的六大关键词。

1. 记忆、识别

在信息爆炸的当下，热点话题常常只能保持不到24小时的讨论度，要让消费者从海量的信息中识别出你的品牌，且对你的品牌产生深刻的印象，就必须要有优秀的创意，让消费者记忆深刻。

例如，加拿大麦当劳曾经投放过一个特殊的车站广告，当消费者走进车站的时候，原本开启的合页会随着消费者的进入慢慢合上，然后在合页上显示麦当劳的广告，“让用户保持冰爽——麦当劳”。在这个广告中，麦当劳巧妙地利用了动作传感器检测消费者是否进入车站，并通过这样的方式与车站内的消费者产生互动，在给消费者带来阴凉的同时，也加深了消费者对品牌的印象。

2. 谈论

然而，在互动营销中，仅仅让人记住你的品牌是不够的，保持活动的话题度和讨论度也非常重要。一般来说，人们倾向于讨论热点话题的根本原因

就在于热点话题有趣，并且能引发大家的思考甚至争论。这就告诉了我们，如果我们策划的一场互动营销引发了一些争论，不必惊慌，只要不影响品牌形象，适当的争论是可以接受的，而且这些争论还可以保持营销的话题度，能延长这场互动营销的寿命。

3. 参与、情感、转换

在进行互动营销的时候必须关注消费者的情感投入。没有代入感的互动是没有灵魂的，如果只是简单的“你发钱、我拿奖”，消费者可能在拿到钱之后马上就弃公司而去了，不会对品牌本身产生任何好感。因此，提高客户的参与度、让消费者投入情感，才是互动营销成功的关键，才能提高客户的转换率。

海尔公司就是通过互动营销让消费者对品牌产生感情的个中高手。海尔的新媒体运营逻辑在于：培养和用户之间的感情，建立人与人之间的情感共鸣。海尔的微信公众号的介绍就是：“这里有最好的作者、最好的故事、最有趣的海尔人，以及最前沿的创业平台。这里是最有趣的企业公众号。这里不生产冰箱、空调、洗衣机，这里有的是我们要给你的陪伴。”

通过这样温暖人心的宣言，海尔拉近了与用户之间的联系，让用户拥有了对品牌的归属感和亲切感。海尔的新媒体考核指标也从来不是虚假的粉丝数，甚至海尔的官方微博还会删除那些“僵尸粉”，因为它们要的从来不是徒有其表的数据，而是切实关注海尔的“人”。

把握好互动营销关键词，根据关键词设计营销活动，可以有效提升设计营销活动的效率和营销效果。避免在设计互动营销方案的时候混淆重点，多走冤枉路。

9.2.2 互动营销的三大误区

很多企业在实际开展互动营销活动之后，没有收获理想中的成绩。更有甚者，花了大价钱开展互动营销活动，却没有吸引到消费者购买产品，落得个赔本赚吆喝的下场。这些问题通常是企业对互动营销的理解不到位造成的，而在实际操作中，这三大常见互动营销误区值得大家注意。

1. 营销场景不精准

互动营销的场合并不固定，有时是纯线上活动，有时是线下商场活动，还有的是线上线下活动相结合，但这些活动有时并不一定能“狙击”到目标消费者。

例如，我们平常总能在商场见到汽车促销活动，主持人和表演者在台上卖力赚吆喝，台下聚集了一大群围观群众，到了做游戏发奖品的环节也有不少观众踊跃上台，然而真的等到活动结束要掏钱买产品的时候，那些观众就“作鸟兽散”，难觅踪迹了。出现这种状况的根本原因就在于，商场活动吆喝招来的这些顾客，许多都只是为了玩游戏、拿奖品，而不是真的想要购买汽车。他们并不是互动营销活动的目标群体，自然不会参与购买汽车。

而相似的情景，如果汽车销售公司把在商场聘请主持、演员，以及购买奖品的资金用在线上活动，在各大汽车论坛发帖举行活动，如进行主题征文，然后为点赞数最高的车友提供保险类服务等，活动受众自然就会比商场活动更加精准，也能更好地树立汽车销售公司的品牌形象。

2. 只看数据，不看反馈

许多企业会选择委托一些营销代理公司去策划、执行互动营销，但每次营销活动结束后，企业却不一定能收到理想中的效果。

许多营销公司会在活动结束后为企业提供报表，总结参与互动的人数、次数，网页的浏览数、转发数，微博、微信的转发、评论数等数据。但这些冰冷的数据并不能反映这场活动究竟为公司带来了什么。客户在互动之后对企业和品牌有了怎样的看法转变？客户是否愿意继续购买公司品牌的产品？这些问题都是数据无法反映的。

甚至，有些营销公司还会在活动数据中“注水”，以收取更高的服务费，这样的行为对品牌百害而无一利。因此各大品牌在进行互动营销的时候，首先要注意的就是不能仅仅依靠数据来评判一场互动营销的成功与否，而是要看这场互动营销活动的消费者反馈，根据反馈来评价这场活动的成败。

3. 只管做活动，不顾转化

许多企业在互动营销活动后总会面临这样的问题：互动营销活动做了，有人参与了，消费者却不买账。只有一些消费者会在企业进行优惠活动的时候尝试性购买产品，而且很少重复购买，更多消费者甚至只是参与活动，根本不购买产品，无法将营销活动转化为实际销量，导致营销活动雷声大雨点小。互动营销作为目前市场上最常见的营销方式，应该让企业与消费者产生深度关系，拉近企业和消费者之间的距离，而不该只是一场游戏。

总之，利用互动营销促进销售，首先要了解时下的热点话题，用热点话题吸睛；然后要摸清品牌受众和消费者心理，贴近消费者的情感需求，精准定位营销场景；最后要及时收取营销活动反馈，做好参与活动的客户回访，为以后的互动营销活动打下良好的基础，避免出现活动结束，客户“跑路”的情景。

这里只给出了一些比较常见的互动营销模式，但各位才华横溢的营销人才也不必拘泥于这些传统互动营销模式。根据品牌自身状况，按照客户需求设计个性化的互动营销方案，远比照本宣科收效更好。

9.3　盘点品牌最实用的三大互动营销方式

互动营销活动五花八门，不同行业甚至同一行业的不同品牌、在同一时期选择的互动营销方式都各不相同。那么，面对五花八门的互动活动形式，企业究竟应该怎样选择呢？具体每种互动营销方式又该如何操作呢？在本节，我们将结合案例，详细介绍企业目前使用最广、最实用的三种互动营销方式。

9.3.1 社交媒体互动营销

随着社交媒体的发展，微博和微信这些社交平台逐渐成为消费者获取信息的主要渠道。人们通过转发微博和朋友圈链接交换海量信息，只要占据了社交媒体讨论中心，自然不愁品牌缺少讨论度。

越来越多的“网红”食品诞生就是源于社交媒体营销的成功。例如，风靡全国的“网红”奶茶一点点就是典型代表。一点点奶茶店其实早在21世纪初期就从台湾地区流入了大陆，但更多的只是私营业主的小本经营。而一点点能从诸多奶茶店中脱颖而出，在全国各地开连锁店，靠的就是它们在网络上广撒网的互动营销。

许多消费者在购买奶茶和咖啡的时候都会遇到“选择困难症”，既想吃冰淇淋，又想喝奶茶，但又不喜欢一些奶茶店的固定口味奶茶。而一点点则把精力投入饮料的个性搭配中，让客户可以喝到量身定制的奶茶。因此一点点的网络推广不走寻常路，它们不是单纯地买通“大V”撰写通稿，也不只是简单地做推广广告，而是更专注于“教消费者如何个性点单”。“大V”和公众号、营销号在微博、微信里发出点单攻略，而客户则根据自己喜欢的口味点单，这样的操作，既实现了一点点与客户间的互动，同时也满足了客户个性定制的需求。

可以说，一点点能从诸多奶茶店里脱颖而出，靠的正是这种个性点单为客户带来的自由感。社交媒体营销号的推广，让消费者接受和理解了个性点单的窍门；而消费者在微博转发的同时说出自己对奶茶个性点单的想法，让一点点可以及时得到反馈，推出更多个性奶茶配方，两相结合形成良性互动，这就让一点点奶茶越来越红。

9.3.2 线下体验馆互动营销

尽管这是网络时代，但线下实体店的互动营销对于品牌来说同样必不可少，尤其是家电、餐饮等行业。餐饮自不必说，周末比起吃外卖，还是有更多消费者宁愿走一段路亲自去餐馆享受的。而家电行业也有许多消费者更倾向于去体验馆试用后再决定是否消费。因此，线下互动营销也需要付出相当的精力进行策划。这里给出两条可行的方案，供读者们参考。

1. 举办尝新体验活动让客户参与

免费试吃这种活动在餐饮业已经推广了多年，许多客户来到餐厅，餐厅为顾客免费提供新品试吃，顾客对新鲜菜品做出评价，双方产生互动。但我们可以不局限于此。例如，厨具体验馆可以举办厨艺大赛，让消费者自己烹饪食物，交给评委审核，然后向获得最高分的家庭奖励产品。餐厅可以进行新菜试吃猜原料的活动，对猜测准确的客人进行免单奖励。这样的一些活动可以让消费者直接体验最新的产品，同时获得反馈。

2. 留下照片与留言

实体店留言墙最早出现在许多小奶茶店。奶茶店的消费者多数是大学生，奶茶店会为他们提供便笺纸和圆珠笔，学生们在便笺纸上写下自己的愿望甚至是对朋友的告白，而他们的朋友常常也是这些奶茶店的消费者。有时这些留言会石沉大海，有时则会收到回应。这样的留言交流浪漫又隐秘，深受学生群体的喜爱，甚至有一些学生为了看留言刻意光顾奶茶店。这其实也是一种互动营销。

9.3.3 从点到面的病毒营销

所谓的病毒营销并不是真的传播网络病毒，而是制作一个有趣的图解或视频作品，通过这些作品让消费者产生兴趣，从而让这些作品在网络上流传开来。这些作品会提供有价值、有创意、有公共性话题的品牌信息，这些信息会激起消费者的兴趣，让他们想要亲身体验图解上的操作，让消费者主动谈论品牌，讨论这个品牌带来的体验。这些信息通过方便的品牌传播渠道如病毒一般扩散，瞄准那些“易感人群”，可以以几何倍数高速传播，从而让消费者高效率地接收。

第10章

深刻研究客户，实现可持续经营

说到底，私域流量运营就是针对目标用户的精细化运营。为了让私域流量运营更高效，企业经营可持续，企业必须深入研究客户。企业要建立用户画像，要将客户分群管理，还要建立会员系统，只有这样才能留住用户，让用户持续创造价值。

10.1 建立客户画像，是了解客户的第一步

在生活中，相信大家都有过这样的经历：在某网站有过一次购物经历以后，下次再登录该网站，系统就会自动弹出各种同类型替代商品或互补商品的推荐；注册成为某品牌的会员，在生日的时候，就会收到该品牌发来的祝福或优惠信息……那么，这一切都是怎样实现的呢？这里就涉及了一个关键的概念：客户画像。

客户画像可以帮助我们更好地了解客户、赢得客户，实现精细化的、可持续的经营。那么，什么是客户画像？客户画像又有哪些重要作用呢？

10.1.1　什么是客户画像

“客户画像”的概念最早是由交互设计之父Alan Cooper提出的，他认为：“客户画像是真实客户的虚拟代表，是建立在一系列真实数据之上的目标客户模型。”

目前，关于什么是客户画像，并没有一个定论。总结网络上有关“用户画像”的定义，我们可以得出这样一个概念：所谓的客户画像，就是指根据用户的社会属性、生活习惯和消费行为等信息而抽象出的一个标签化的用户模型。

用更直白的语言来说，客户画像就是对客户留下的种种数据，包括性别、年龄、兴趣、家庭状况、消费水平等进行主动或被动的收集，并加工成一系列的标签，即通过分析客户信息而总结出客户的主要特征。

例如，通过对客户留下的数据进行分析，我们可以做出这样一个精准的描述：30岁左右的女性，本科学历，白领，长期定居二线城市，经常关注婴幼儿产品，热爱健身。

这就是一个简单的客户画像。当然，这个客户画像可以代表某个客户，也可以代表某一类客户群体。需要注意的是，客户画像是一个复杂的系统，它不是一成不变的。随着数字化营销的不断成熟，客户在不同的营销场景，将被贴上不同的标签，构成不同的画像。

此外，在为企业做营销策划的过程中，我们还发现，提到客户画像的时候，许多人总是喜欢将它与另一个概念——客户角色相混淆。为了帮助大家更准确地理解客户画像，在此，我们也对这二者做一个粗略的区分。

客户角色是客户属性的集合，是真实客户的虚拟代表，也可以看作目标客户群体。我们讲产品、需求、场景、客户体验都是围绕客户角色这样一个抽象的人来讨论的。

客户画像是描述客户数据变量的集合，更多地被数据分析师所用，是客户标签化的成果，个性化推荐、广告系统、互动营销、内容推荐等都是基于客户画像的应用。

总之，大家在实际的操作中，一定要注意区分，不要混淆概念。

10.1.2　客户画像的作用

从客户画像的概念中不难看出，客户画像是企业真实客户的缩影，它可以针对客户的相关问题做出回答，如客户是些什么人、经常出现在哪里、有什么需求等，从而帮助企业了解和筛选目标客户、制定营销策略、完善产品运营、提升核心竞争力。

不管是企业还是客户，其实都是客户画像的受益者。客户渴望从泛滥的广告中找到对自己有用的商品信息，而企业通过客户画像就能实现精准推送和营销，客户画像使买卖双方有了一个畅通的对接渠道。可以说，在数字化时代，企业和客户的接触方式发生了巨大变化，更多的产品和服务都建立在客户画像的基础之上。

具体来说，在企业的私域流量运营中，客户画像的作用和意义主要体现在以下四大方面。

1. 指导产品研发及优化用户体验

在传统的营销模式中，企业奉行的生产原则是“生产什么，就卖给用户什么”。这样的生产模式，很容易便会导致“客户根本不买账”或产能过剩的情况。而在当今时代下，企业将客户需求摆在了第一位，生产原则也变成了“用户需要什么，企业就生产什么”。

在这种以客户需求为导向的产品生产模式中，企业可以通过收集大量目标客户数据，并对这些数据进行进一步的整理、分析、重组，构建出客户画像，从而研发并生产出更符合客户需求的产品，为客户提供更贴心的服务。

2. 实现精准化营销

所谓的精准营销，就是企业和客户之间的点对点互动，它具有极强的针对性。在前文中我们所提到的网购后的商品推荐，以及品牌商在生日时发来的祝福短信都是精准营销的典型套路。

关于精准营销的重要性，我们可以举例说明：有些企业为了吸引流量，大范围投放广告，甚至不惜花重金补贴客户，但往往很快就发现，一旦停止烧钱，流量增长马上减缓，于是面临着进退两难的境地：烧钱心疼、不烧钱心慌。这便是企业没有通过构建客户画像来指导精准化营销的后果。

企业要实现精准营销，数据是最不可或缺的支撑。只有以数据为基础，建立客户画像，并让系统根据客户画像对客户进行智能分组，从而获取不同类型的目标用户群，再针对不同的目标用户群采取不同的、有针对性的营销策略，精准营销才能最终实现。

3. 可以做相关的分类统计

借助客户画像的信息标签，可以进行相关分类统计，如“喜欢点外卖的人有多少”“处在20~30岁的客户占多少比例”等，这些数据信息能够作为企业营销决策的重要参考。

4. 数据挖掘

建立客户画像能够充分进行客户行为的数据挖掘，根据关联规则的相关算法，可以构建智能推送系统。例如，算出经常买奶粉的人群喜欢买什么品牌的化妆品，然后针对性地进行关联营销。

如今，“客户画像”一词已成为大数据行业言之必及的概念。随着互联网、O2O的不断发展深入，信息越来越透明化。人们接受的信息越多，可比性和选择性就越多，于是，能否做好客户画像就成为企业私域流量运营的关键。

面对“聪明的客户”，企业只有建立完整且准确的客户画像，识别真正有价值的客户数据，找准客户的“痛点”，持续优化营销方案，才能更好地打动客户、留住客户，使自己在激烈的竞争中立于不败之地。

10.2 如何给你的客户建立画像

正所谓“千万人撩你，不如一人懂你”，对企业而言，只有真正做到了“懂”客户，才能成功“撩”到客户、打动客户，实现精准营销，这也是构建客户画像的目的和意义。在前面的内容中，我们了解了客户画像的重要性，接下来就要为大家详细讲解给客户画像的具体方法和步骤。

10.2.1 第一步：确定构建客户画像的思路

构建客户画像是一项复杂的系统工程，它立足于大数据，又依赖各种技术手段。在构建客户画像之前，我们首先要做的便是厘清思路，定好方向。

一般来说，在构建客户画像时，我们可以按照显性画像和隐性画像两种思路来进行（见表10-1）。其中，显性画像是指可视化的客户特征描述，如客户的年龄、性别、职业、兴趣爱好等；隐性画像是指深层次的内在特征描述，如客户的需求、商品偏好、商品使用场景等。

表10-1 构建客户画像的两种思路

一级维度	二级维度	举例
显性画像	基础特征	年龄
		性别
		职业
		地域
		兴趣爱好
	网络使用习惯	上网时长
		上网时间
		影响上网的因素

续表

一级维度	二级维度	举例
显性画像	产品合作习惯	使用时间
		使用时长
		使用频率
		行为特征
	其他特征	了解产品的渠道
		注册时间
		用户等级
		活跃情况
		用户分类
		用户分级
隐性画像	目的	使用网易云是为了听音乐
	偏好	更喜欢网易云而不是QQ音乐
	场景	上下班途中
	需求	休闲娱乐，享受音乐
	频率	每天2次左右

10.2.2　第二步：收集客户数据

客户画像数据的收集是一件烦琐又重要的工作，它是建立客户画像的基石，关系着企业营销策略的制定，需要企业以严谨的态度认真对待。说到这里，很多企业可能会生出这样的困惑：我们只是普通企业，没有百度、谷歌等BAT巨头的背景，该怎么去收集数据呢？

下面，将为大家介绍几个收集客户画像数据的有效渠道。

1．从互联网上收集

已经公开在网站上的信息，包括各统计局的数据、公司发布的年报、其他市场机构的研究报告等，或者根据公开的零散信息进行整理。

2. 买数据

在数据库市场上购买产品化的数据库，如AdMaster、Bloomberg、OneSource、Wind、秒针等，一般是以公司的名义买入。

3. 咨询行业专家

这种方式较为常见，有些行业专家会专门收集和销售数据，一般企业想要的客户数据基本都能买到。

4. 问卷调查、采取样本

问卷调查也是较为常见的数据收集方式，它主要运用于某些单独的项目。问卷调查能够获取客户的第一手信息，缺点是样本有限，而且比较花费时间和精力，数据的准确性也无法得到保证。

5. 直接与客户交流，获取信息

有些数据可直接来源于客户或咨询公司的产品。例如，HR咨询公司的行业工资数据、四大会计师事务所（普华永道、德勤、毕马威、安永）的一些数据库等，这些数据的采集需要较强的专业性及较多的时间积累，主要是根据通过调查客户的HR收集来的数据进行统计的。

6. 企业自建数据库

除了以上五种数据收集渠道，企业也可以自己建立数据库（见图10-1），这也是收集客户画像数据的方法之一。不过，我们并不建议企业这样做，因为自己建立数据库、管理数据库麻烦且耗费资源。而且，如今在市面上已经有了相当多的专业的数据公司，买数据变得相对容易。

用户数据浩如烟海，为了避免重复和冗余，提高数据收集的效率，我们一定要带着需求和目的去收集，避免做无用功。一般来说，企业在收集客户数据时应注意全面性、多维性和时效性。

全面性是指数据量要足够多、足够全面，且具有分析价值。

多维性是指数据的维度要足够宽泛，能够满足不同的分析需求。需要注意的是，客户画像的数据维度并非越多越好，只要能找到客户画像强相关的数据即可。而所谓强相关数据，就是指能有效满足业务需求、转化成价值的数据。

时效性是指数据的时效性要强，要能够实现实时的动态更新，保证数据的准确性，使数据更具有指导意义。

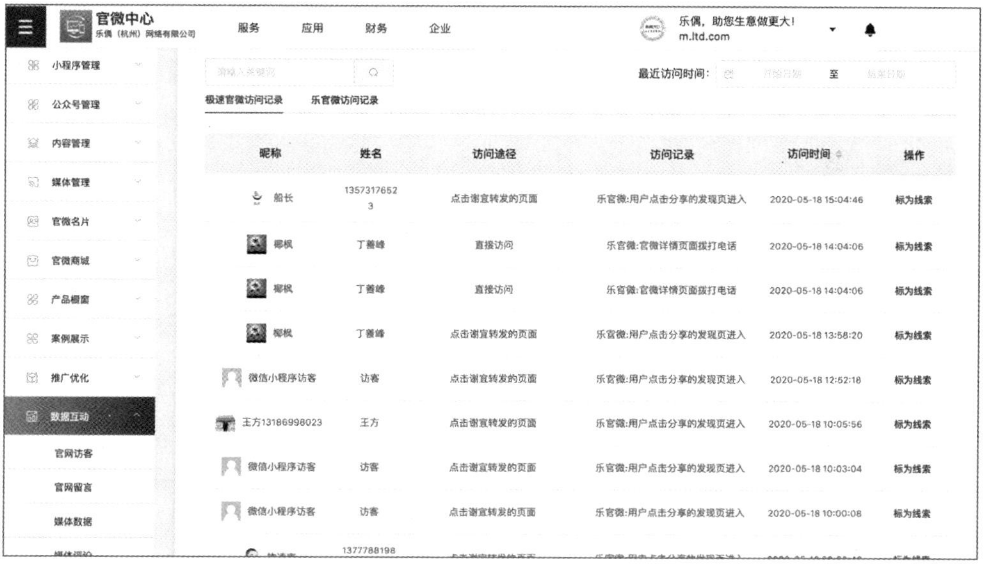

图10-1　乐通达官微中心用户行为数据（部分）

10.2.3　第三步：整理、筛选客户数据

在前面的步骤中，我们已经从各个渠道收集了相关客户数据，但这些数据中存在许多重复和错误。所以，接下来我们就要根据建立客户画像的思路来对数据进行筛选和整理了。

1. 进行数据清洗

即去掉不完整的或重复的信息，主要目的是对收集到的杂乱无章的数据进行筛选，得到关键信息。

2. 进行客户识别

其主要目的是确认客户的唯一性，同一个用户在现实中可能会拥有多个身份标识，如身份证号、社保账号、手机号、车牌号等，所以企业要做人口统计身份识别。

用户可能会使用多台设备，所以也可能会拥有多个设备身份，如PC端的IP地址，移动端的UDID/IDFA（iOS）和Device ID/AdID（Android）等，所以企业要做设备身份识别。

用户会在不同的网站或App中注册不同的账号，因此也会有多个数字身份标识，如微信号、豆瓣昵称、QQ、微博用户名、电子邮箱等，所以企业要做数字身份识别。

企业在识别客户的身份时，人口统计身份识别、设备身份识别、数字身份识别这三者缺一不可，一定要仔细辨别，并对多个身份进行整合，只有完成了客户识别，才能实现基于客户、基于场景的个性化营销。

10.2.4 第四步：对有效数据进行分类

当企业将这些五花八门的数据整理和筛选好以后，还应该对它们做一个分类，以便更好地去认识这些数据，弄清楚哪些是有用的、哪些是无用的，并挖掘出数据所蕴含的价值，为建立客户画像打好基础。

目前，关于客户画像数据的分类方式有很多，下面介绍两种运用比较广泛的分类方法，以供大家参考。

1. 按静态信息数据和动态信息数据划分

（1）静态信息数据。静态信息数据是相对稳定的信息，又包括人口属性和商业属性两方面的数据。其中，人口属性是指性别、年龄、地区、职业、学历、婚姻状况等；商业属性是指消费水平、消费周期、消费特征等。

通常，这类数据会自带标签，无须过多地建模分析，只需保证数据真实可靠即可。

另外，当企业在根据不同的产品有针对性地提取相关数据时，还要考虑这些数据对该产品的影响大小。例如，教育类相关商品（书籍、益智玩具等）受学历、收入影响较大，与性别、地区则没什么关联，但是对于食物类商品，地区、年龄等因素具有较大影响，而学历、职业等属性则影响不大。

（2）动态信息数据。以互联网环境中的客户行为为例，动态信息数据主要包括以下两种。

行为类型：浏览、搜索、收藏、评论、点赞等。

接触点：如淘宝首页、包包服饰店铺、促销活动等。

2. 按人口属性、行为属性、轨迹旅程、交易消费划分

除了按静态数据和动态数据划分，客户数据在商业应用中又可细分为人口属性、行为属性、旅程轨迹、交易消费四大类。

（1）人口属性数据。人口属性数据用来进行客户的身份识别和背景描述，往往涉及许多个人隐私信息，也是黑客主要攻击的目标之一。这类信息的泄露可能会带来巨大的风险，造成负面的社会影响，因此企业和政府都在设法限制和保护这类信息的收集、储存和使用。

（2）行为特征数据。行为特征数据用来描述客户行为。由于技术的发展，人们浏览网站内容、在线购买商品、使用移动社交工具或观看视频等行为，都会被记录下来，记录的形式主要是数字模块。

此外，由于可穿戴智能设备的运用，一些人体生物运动信息，如运动轨迹、运动量、睡眠情况等也被系统记录了下来，形成了数据。

（3）旅程轨迹数据。旅程轨迹数据是客户发生的跨平台、跨渠道的交互行动路径与行为轨迹信息。在数字化时代，用户的每一个行为数据都被记录在了系统中，整合起来就形成了行为轨迹。

（4）交易消费数据。交易消费数据用于记录客户交易、消费或使用产品的记录。客户画像中应用的交易消费信息主要是指静态的交易信息和行为记录，深度的预测分析则需要更加完备和连续的记录。交易数据是对企

业而言最有价值的数据资产。

10.2.5 第五步：贴标签、建立权重体系

贴标签其实就是对人、事物或场景依据其显著特征进行分类、提炼、归纳的过程。有了标签体系，海量的数据才能应用于客户画像，进而服务于企业的数字营销方案。

同一个行为发生在不同的场景、不同的时间，在画像时所占的权重也会不同。借用权重体系来分析计算得到的客户行为数据，更客观、更准确。

10.2.6 第六步：数据建模

通过聚类和关联规则、逻辑回归等方法，对各种数据进行分析，可以找到数据之间的相关性，这个规则挖掘的步骤也被称为数据建模，即根据客户的行为特征构建相应的数据模型。

例如，淘宝官方通过平台相关数据发现，大多数女性在挑选文胸尺码时都会选择B罩杯，而在B罩杯中，75B的销售是最好的，占比达41.45%。排在后面的依次是A罩杯和C罩杯，其中A罩杯占比25.26%，C罩杯占比8.96%。在颜色排名中，以黑色最为畅销，而以省市排名的话，新疆是购买C罩杯最多的省份。通过数据分析我们可以得出这样一个结论：黑色是女性最喜欢的内衣颜色，胸部发育最好的女性普遍来自新疆。

10.2.7 第七步：验证、形成画像

在这一步里，我们首先要对所挖掘到的相关性规则或所建立的数据模型进行验证，以确保数据和数据模型的准确性。然后，剔除那些偶然或不准确的数据模型，勾画出客户画像，并用于营销决策。

纵观生成客户画像的整个过程可以看出，所谓的客户画像，其实就是将碎片化的海量数据进行整理，还原一个真实的客户，而不能仅凭主观经验或心理预判去理解和定义客户。

在这里，我们并没有涉及具体算法，也没有对客户画像的相关技术进行展开说明，更多的是阐述一种分析思路，以便大家在构建客户画像时进行参考。值得注意的是，同一个客户可能会有多个画像，企业可根据自己的业务需要来选择应用。此外，客户画像也并不是一成不变的，需要企业根据实际情况进行不断的修正。

10.3 给客户分群，管理客户的组合

最好的营销方式是什么？当然是一对一营销！但是，在实际的经营中，一对一营销是不切实际的，更切实可行的，是分群营销。所以，我们要给客户分群。

所谓的客户分群，实际就是将现有的客户群体依据一定的变量和规则，分成若干个特征鲜明的小群体，使不同组别间特征差异明显，同一群组内客户特征相似。

在互联网时代，“广撒网”的大众营销已经逐渐失去了优势，精准营销才是未来趋势。而实现精准化营销的一个重要前提便是客户分群。除此之外，客户分群还有另一个好处，那就是它能让企业加深对客户的了解，增强客户和品牌之间的黏性，把客户变成品牌和企业的“忠实粉丝”。

在实际的经营管理中，因为没有做好客户分群而影响自身发展的企业比比皆是，甲骨文公司便是其中之一。甲骨文的Responsys公司曾进行了一次调研，希望了解用户与品牌之间的关系。在这次调研中，有2 035个成人接受了访问。令人意想不到的是，其中有34％的用户因为曾经收到过该品牌传播的“很差”的内容或与自己不相关的信息而对该品牌产生了反感，决定不再购买或使用该品牌的产品。

由此可以看出，在企业的营销活动中，如果没有进行客户分群，没有有针对性地投放广告内容，就有可能导致客户的流失。

既然客户分群对企业营销如此重要，那么我们要怎样给客户分群呢？概括来讲，进行客户分群就是对客户的属性进行分析并为客户打上相应的数据标签，再把具有相同数据标签的客户进行归类和组合。下面为大家提供六种常见的客户分群方式。

10.3.1 按人口属性分群

按人口属性分群是应用最普遍的客户分群方法。通常，大多数产品型企业的产品类型和服务类型都是有限的，所以，企业的营销策略也是有限的，只要按照一定的策略规则，把有限的产品和服务与目标客户群进行匹配，就能对营销效率起到明显的改善作用。按人口属性对客户分群依据的变量如图10-2所示。

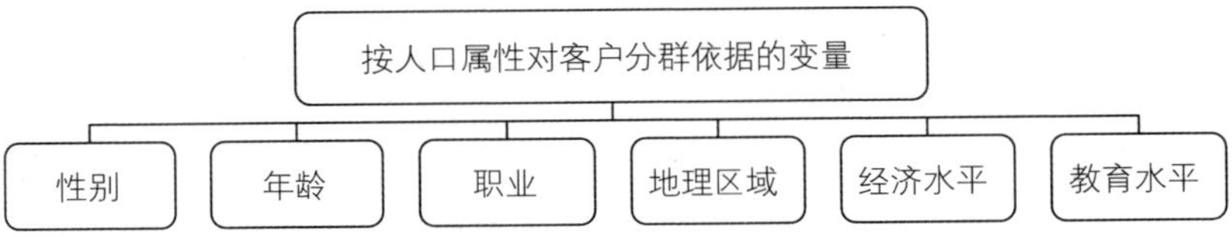

图10-2 按人口属性对客户分群依据的变量

按人口属性对客户进行分群对于直接面向消费者的产品营销十分重要。例如，一款面向年轻女性的中档美妆产品，只要能准确地把目标客户定位于城市年轻白领女性群体，再根据这类客户偏好的媒体，来选择相应的数字化营销渠道，就能达到令人满意的销售效果，并且能够节省相当可观的推广费用。

10.3.2 按交易历史分群

在大数据时代，企业能够通过各种方式，记录并保存完整的历史交易信息。从这些历史交易信息中去洞察客户的行为，将目标客户按照交易行为进行分群，可以帮助企业更好地了解目标客户的历史贡献、购买行为特征和渠道互动偏好等信息，为企业的个性化营销提供依据。按交易历史对客户分群依据的变量如图10-3所示。

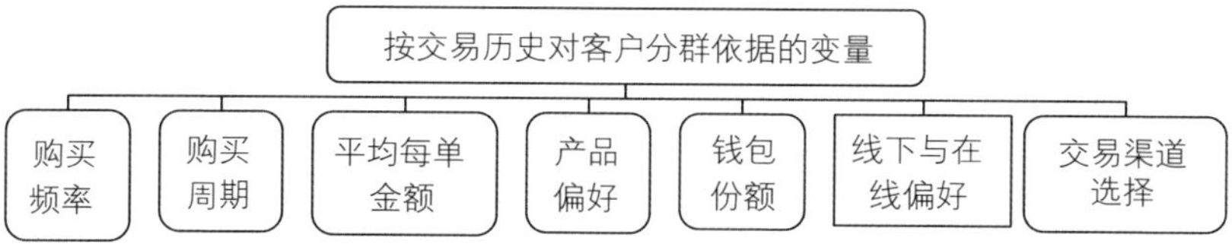

图10–3　按交易历史对客户分群依据的变量

例如，企业可以从客户系统中选出具有周期性购买行为的客户，并主动邀请他们加入专属会员计划，为他们提供普通消费者享受不到的特殊权益。这种做法能够提升高贡献客户群的体验和价值感，促成他们持续消费、重复购买，让他们变成产品的忠实客户。

10.3.3　按生命周期分群

按生命周期进行客户分群，就是识别目标客户在生命周期中的阶段和状态。客户生命周期一般分为四个阶段：活跃期—沉默期—睡眠期—流失期。每一个客户都处在不同的生命周期中，有的客户是购买者，有的客户已经流失，还有的客户被激活后成为重复购买者。按生命周期分群的客户划分类型如图10-4所示。

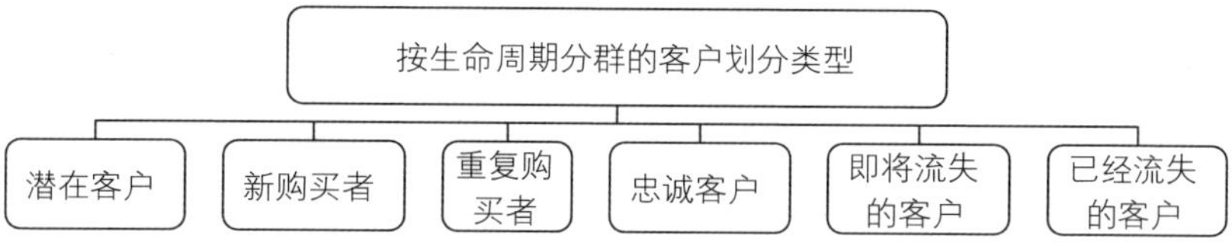

图10–4　按生命周期分群的客户划分类型

按生命周期进行客户分群，可以指导以客户为中心的营销活动和管理策略，向不同生命周期的客户提供差异化的产品和服务，提升客户的忠诚度，激活有可能流失的客户，重新挽回已经流失的客户，让客户在生命周期内产生最大的贡献值。

10.3.4　按内容互动分群

内容是数字化时代的重要产物，人们通过互联网不断创造出富有价值的数字化内容，这些丰富多彩、形式多样的内容吸引着不同类型的客户群体。

企业通过分析客户与不同内容之间的互动，以及不同客户群体的差异，并按内容互动进行分群，就能掌握目标客户的内容偏好和内容互动特征，并以此为依据发布客户互动内容、制定营销传播策略，最终实现客户的转化。内容互动分群考虑的主要因素如图10-5所示。

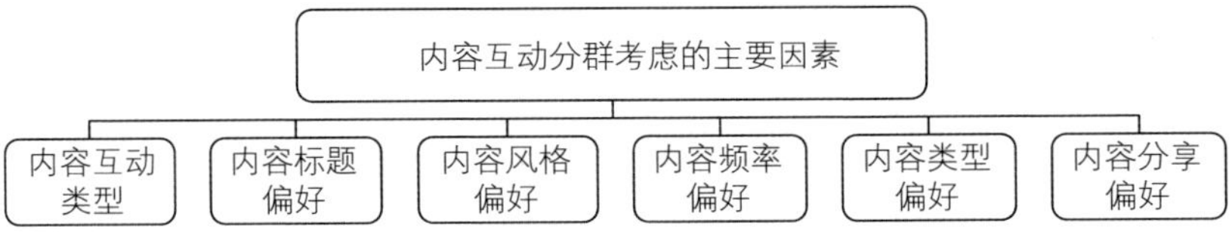

图10–5　内容互动分群考虑的主要因素

10.3.5　按行为特征分群

按客户行为特征进行分群是最有效的客户分群方法之一。数字化的环境让连续记录客户的行为成为可能，这也让行为特征分群运用得越来越广泛。行为特征分群考虑的主要因素如图10-6所示。

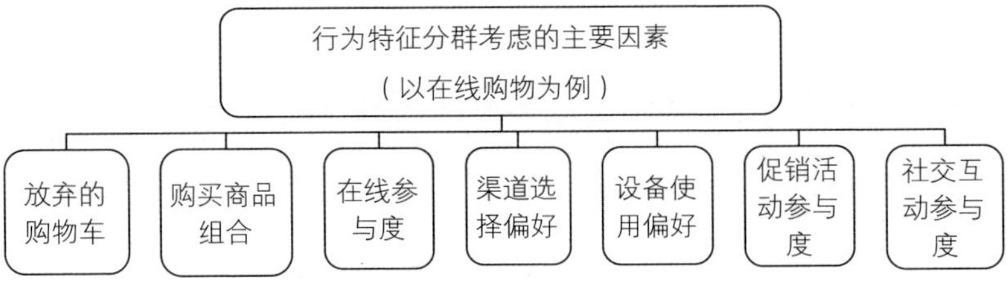

图10–6　行为特征分群考虑的主要因素

电商企业一般更喜欢按客户行为特征进行分群。它们通常会按照客户对购买渠道的偏好、接触渠道的行为、社交媒体互动行为来对消费者进行分群，从而优化营销策略、提升内容响应率和销售额。

10.3.6　按客户个性分群

对客户的消费内容、产品和服务进行相关性分析，就能够洞察目标客户的个性特征。企业利用这些个性特征对客户进行分群，可以准确定位潜在的目标客户，并针对这些客户策划相应的营销活动，以达到提高客户转化率的目的。零售消费者的分类如图10-7所示。

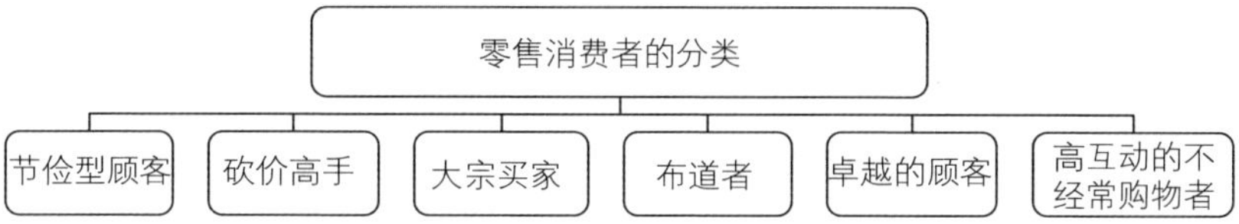

图10–7　零售消费者的分类

不过，值得注意的是，同一个客户的个性特征在不同行业和不同产品上会表现出很大的差异。例如，一个日常生活消费中的节俭型购物者，在证券投资上可能会表现得非常激进。

总而言之，通过客户分群，我们可以对某个指标数字背后的用户群体进行分析，弄清楚他们具备哪些特征、拥有哪些属性、行为有什么特点等，从而有针对性地开展营销活动。此外，客户分群的另一个重要作用，是发现产品和营销策略背后的问题，并从中发现改进和提升的办法。

10.4　利用“营销云”链接全渠道客户

你将要出差，在网易严选上为自己定了间酒店；给母亲买了个电饭煲，发现是格力造；给孩子买个小板凳，赫然印着小米的牌子。可以说，跨界在我们的生活中已经司空见惯。在互联网技术革新的驱动下，如今，企业已一步步实现了从单渠道、跨渠道到多渠道的进化。

事实上，在“跨界”外衣包裹之下的，其实是日益膨胀的协作体系。如今，由于互联网技术的渗透，数字化演变不断深入，人与人之间、人与物之间、物与物之间的协作关系已被打通，链接无处不在，企业的边界也变得越来越模糊。除了核心价值目标和职能，一切工作都可以通过协作或外包的形式完成。

在这样的背景之下，一个新的词汇被创造出来，并且频繁出现在了我们耳边，那就是“全渠道链接”。

那么，什么是全渠道链接？它是怎么一步步发展而来的，又能对企业产生怎样的影响呢？本节内容将为大家一一揭晓。

10.4.1 全渠道链接的概念及特征

所谓的全渠道链接，其实是指为了达到资源的共享，打破所有渠道之间的壁垒，实现所有渠道的完美协作。具体到营销上，全渠道链接又包括开展多元化的营销活动，线上线下全渠道吸引客户并且留住客户；全渠道收集客户信息用于客户画像，实现精准营销；全渠道为客户服务，使客户体验进一步得到提升等。

这样说，可能大家会觉得十分抽象。下面，我们一起来通过一个案例，更深刻地体会一下什么是全渠道链接。

现如今，当你去沃尔玛购物时，你可以通过“扫码购”自行扫码结账，省去了在收银台前排队的时间，而且沃尔玛已经入驻了京东到家服务，你可以直接在网上下单，一小时内就能收到快递。沃尔玛的购物体验一再升级，吸引着越来越多的消费者，它之所以能够把购物体验做到极致，很大程度上得益于沃尔玛的全渠道转型。

2017年12月，沃尔玛宣布将公司英文名中的“Stores”去掉，从2018年2月1日起，公司法定名称由“沃尔玛百货公司”变更为“沃尔玛公司”。从更名这件事上就能看出沃尔玛进军全渠道的决心，角色定位不再是实体零售商，而是全渠道零售商。

沃尔玛于2000年推出电子商务网站。近年来更是先后收购了电子商务平台Jet.com、在线鞋商Shoe buy、女装电商Mod Cloth等。除此之外，沃尔玛在中国市场的全渠道转型也逐渐浮出水面。2016年，沃尔玛开始与京东合作，除了财务投资方面的往来，业务上也有越来越多的融合。

根据沃尔玛2017年第三季度的财务报告，沃尔玛在中国市场的业绩继续保持增长，总销售额增长4%，可比销售额增长2.5%，达到了近四年来最好的成绩，而主要贡献就来自沃尔玛与京东的战略合作。

其实，类似沃尔玛这样的全渠道转型案例还有很多，如苏宁牵手阿里、家乐福牵手腾讯等。从这些案例中我们可以看出，所谓的全渠道链接，其实就是指企业能够满足消费者任何时间、任何地点、任何方式的购买需求，提供给客户无差别的购买体验。用一句话概括就是：客户看到就能买到，想到就能买到。

如今，随着新互联网时代的到来，企业的营销策略也在不断发生改变，越来越趋向于全渠道变革。那么，全渠道链接究竟有什么特征呢？具体来说，全渠道链接的特征主要表现为以下三点。

1. 全程

客户从出现购买想法到体验产品的过程中，有五个关键环节：搜寻、比较、下单、体验、分享，企业必须在每个关键节点都保持与客户的良好互动。

2. 全面

企业可以跟踪和调研客户的所有行为数据，通过完整的客户画像，了解客户需求，把握客户的每一次决策，从而提升购物体验。

3. 全线

实现实体渠道、电子商务渠道、移动商务渠道等所有线上线下渠道的全线覆盖。

10.4.2 企业为什么要实现全渠道链接

营销进入4.0时代，以互联网技术为基础，整合各种渠道，实现“一站式”服务，已经成了一种趋势和一种必需。这种全渠道的链接，能大大提升客户的体验，让营销变得更便利。例如，当我们打开支付宝，我们足不出户便能进行转账、信用卡还款、话费充值、理财、买电影票、打车、购买车票、购买保险、购物、公益捐款等多项活动。这便是全渠道的魅力。

如今，许多企业为了谋求生存和发展，都在尝试数字化转型，而在这个过程中，企业所面临的最大挑战，便是渠道的转型。

有人曾这样说道："要么全渠道，要么被干掉。"在笔者看来，能否实现全渠道链接，确实已经成为一个企业的生死命脉。究其原因，主要有以下几点。

1. 客户购买方式越来越"全渠道"

由于现代技术的发展，客户获取信息的渠道越来越多，他们会利用诸多渠道进行商品信息的收集、产品或服务的比较，最终也会有多种渠道可以帮助他们完成购买。

例如，王女士准备买一件风衣，她可能会先在网上查看本季最流行的款式、色系，然后去实体店铺进一步挑选、试穿。这期间还会偶尔拍个照片发给自己的闺蜜或发到朋友圈，征求大家的意见。如果这件风衣获得好评，她再去网店下单，用手机支付，最后通过快递公司的配送拿到这件风衣。之后还可能去网上给予好评，或者把店铺链接推送给自己的同事。

不难看出，在买衣服这个简单的过程中，每个环节都面临着一次渠道的选择，而客户的每次选择都有一定的随机性。如果某一家企业能够把控全渠道，也就能牢牢地把握客户的每一次选择。总而言之，客户的购物方式已经扩展到全渠道，企业出于迎合客户需求的考虑，应该实现全渠道链接。

2. 各种渠道各有优势

近几年来，实体店受到互联网的剧烈冲击，销售业绩衰退。这种现象很容易理解，因为实体店商品种类有限，生产厂家与客户之间存在多级中间商，成本较高，而电商则避开了这些问题，实现了与客户的"完美牵手"。那么，这一切是不是就意味着电商可以完全取代实体店了呢？答案显然是否定的，因为相比于电商，实体店依然具有不可取代的优势。例如，实体店能够与客户面对面交流，能够让客户直接试用产品、感受服务，这比电商的几张图片和几句好评具有更强的说服力。

当前的商业环境呈现实体渠道、PC电商渠道和移动电商渠道并存的局面，企业不能因为PC电商和移动电商的绝对优势就排斥传统的销售渠道，而应该因势利导，将各个渠道结合起来，优势互补，实现线上线下的全渠道链接，以此获取更多的销售机会。

3. 全渠道链接能更全面地掌握客户

全渠道营销意味着企业能够收集到更完整的客户信息，能帮助企业更好地了解客户，更准确地预测分析，从而拥有更强大的精准营销的能力。根据统计，拥有全渠道销售策略的企业，客户留存率高达89%，而没有实施全渠道链接的企业，客户留存率仅为33%。

企业实施全渠道营销，就能和客户进行无缝链接，使客户能够随时随地搜索、选择、支付、体验产品，当然也就能够更顺利地留住客户。留住了客户，企业也就拥有了核心竞争力。

10.4.3　利用乐通达“营销云”工具实现全渠道链接

为了实现与客户的全渠道链接，我们必须借助工具，在这里给大家介绍一款叫作“营销云”的工具。“营销云”也就是建立在云、引擎搜索及其社会化媒体基础上的，运用网络把多个成本较低的计算实体，构建成一个具备强大营销推广能力的完美系统。

简单来说，乐通达营销云是一款集成式的营销技术产品，可以梳理企业与客户的关系数据，提供智能化解析、业务流程洞察，驱动客户交互且支持企业外界及自有精准营销的云服务平台。

那么，营销云有什么具体的特色功能呢？

1. 媒体矩阵管理

微信公众号、头条号、抖音号、阿里大鱼号、百度熊掌号、百度百家号、腾讯企鹅号、知乎机构号、新浪微博等，全网自媒体开通，搭建自媒体矩阵，获取全网流量，进行一站式管理。图10-8为乐通达营销云的媒体矩阵管理示例。

图10-8　乐通达营销云的媒体矩阵管理

2. 全维度数据呈现

数据全网接入，实时更新，一站式覆盖所有自媒体渠道，可视化呈现，流量变化尽在掌握。图10-9为乐通达营销云的数据管理示例。

图10-9　乐通达营销云的数据管理

3. 实时线索获取

实时推送、获取、管理线索，利用丰富的大数据，根据客户的企业特征获取最符合企业的销售线索，以低成本获取高转化线索，不错过任何一个商机。图10-10为乐通达营销云的实时销售线索示例。

图10-10　乐通达营销云的实时销售线索

4. 线索转化管理

意向客户跟踪管理，精准化标签，行为轨迹跟踪，掌握精准销售线索，实时更新意向客户跟踪进度，帮助企业销售人员尽快跟踪意向客户。图10-11为乐通达营销云的线索转化管理示例。

图10-11　乐通达营销云的线索转化管理

总而言之，乐通达营销云拥有云技术超大规模、虚拟化、安全可靠、成本预算较低等特征，可使营销推广更为精准、便捷、低成本、实效化。不仅如此，它还将产生多种多样新型的服务或产品。总而言之，乐通达营销云将为中小企业降低成本，从而带来更大的收益。

10.5 搭建专属的会员体系

说到会员体系，就不得不说起美国的Costco超市。雷军曾说，希望小米能成为一家百年企业，为此他专门深入研究了多家成功企业，其中带给他震动最大的企业有三家，第一家企业是同仁堂，第二家企业是海底捞，而第三家企业就是Costco。

Costco是北美最大的连锁会员制仓储式购物商场，还是全球第二大零售超市巨头。截至2019年12月，Costco在全球11个地区设有超过770家分店，会员数量超9 600万。Costco最为人称道的就是它的会员体系和丰富的会员福利。

Costco的会员卡可以全球通用，会员等级分为普通会员和高级会员。普通会员（Gold Star）的会费为每年60美元，高级会员（Gold Star Executive）的会费为每年120美元。图10-12中展示了Costco会员拥有的13项特权。

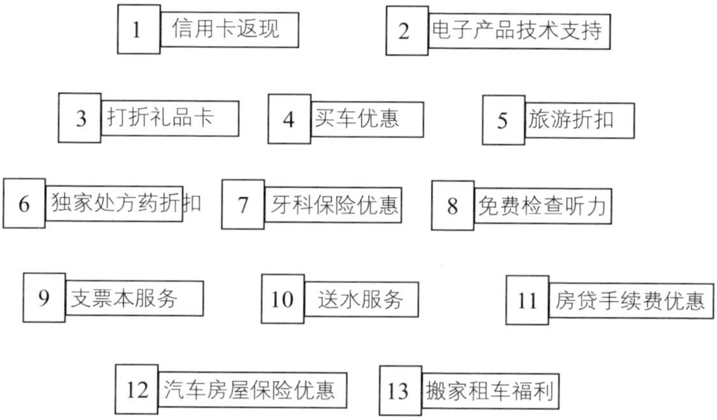

图10-12　Costco的会员特权

Costco的会员福利除了本超市内部的折扣，还横跨了很多其他行业，这是因为Costco与多个企业组成了异业联盟，让会员们几乎可以做到“一卡在手，走遍全美”。Costco的会员体系设置较为复杂，这是由Costco本身的业务决定的，作为线下生活大卖场，单单产品SKU就超过4 000多个，因此Costco有足够多的供应商，可以比较容易地形成异业联盟。

一般的企业很难建立如此复杂的会员系统，也很难提供种类如此丰富的会员福利，因此笔者借鉴和参考Costco的案例，以及京东、知乎、每日优鲜、米马生活、萌爪医生、香气优选、不等食研院等的会员体系，提炼出了一个比较简单易操作的会员体系模型。这个会员体系模型涵盖了五大模块，它们分别是会员等级、会员权益、会员日、产品体验官、积分兑换。

10.5.1 会员等级

在设置会员等级时，我们可以参考营销学中的RFM模型。RFM模型是衡量用户价值的重要工具。通过RFM模型，我们可以了解用户最近一次的消费间隔（Recency）、消费频率（Frequency）和消费金额（Monetary），然后根据用户最近的交易日期、活跃程度和交易金额的贡献，来预估用户的价值并将用户变成店铺的忠实粉丝。最后，针对不同的用户群体制订营销方案。

举个例子，小王是一家餐厅的老板，餐厅的销售方式是外卖，销售渠道是美团、饿了么等外卖平台。小王发现近来餐厅的销售额有所下降，他仔细分析后发现不少老顾客都流失了。于是，小王准备利用“短信问候+赠送小菜”的方式挽回老顾客。

为了实现利润最大化，小王必须找到最容易挽回的那些老顾客，因此，他应该选择消费金额高（M）且流失前消费频次高（F）的用户。这两个数据高，表明用户是认可小王的，但不知道出于什么原因，他们最近没有在小王的店里定外卖。

小王应该选择哪些老顾客呢？这里，我们可以将流失的老顾客定义为：生命周期内至少有一次购买行为但近30天无购买行为的顾客。然后，再算出近60天消费者平均消费频率和平均消费总金额，小王应该选择的是近30天无消费记录、F（消费频次）和M（消费金额）均大于平均值的顾客作为推广对象，发送推广活动即可。

在给会员划分等级的时候，我们也经常用到RFM模型，一般来说，我们会着重参考M（消费金额）。

例如，电商平台“香气优选”就将会员分成了三个等级：初级香蜜、白银香蜜和黄金香蜜，累计消费金额达2万元的用户成为初级香蜜，累计消费金额达5万元的用户为白银香蜜，累计消费金额达10万元的用户为黄金香蜜。

一般来说，会员等级设置为3~4个级别为宜，等级太多会让会员缺少动力，太多则无法体现差异。我们在设置会员权益时，还要注意适当拉开会员等级之间的差异，对应的权益也要体现出差别，让用户有上升的空间和动力。

会员体系还可分为付费会员体系和免费会员体系两种。

1. 付费会员体系

付费会员体系是先交钱再开通会员、享受会员权益，Costco、每日优鲜、京东、爱奇艺等采用的都是付费的会员体系。

2. 免费会员体系

免费会员体系是按照用户的累计消费行为（累计订单数或消费金额）升等的，不同等级对应不同的权益。

10.5.2 会员权益

会员权益必须要带给用户价值感，要为用户带来不一样的体验。会员权益一定要体现出会员与非会员，以及各级会员之间的差异，并在官网、门店内采取一系列措施加强会员的尊贵感。常见的会员权益如下：

产品——新产品优先体验、免费试用、限量抢购。

服务——售后退款优先处理，退货免运费。

活动——会员价、会员日、会员生日福利。

福利——折扣，超级优惠券，翻倍积分，好礼兑换，邀请立返现金。

异业联盟——享受其他联盟的产品/服务。

宠物问诊互联网平台“萌爪医生”将自己的会员等级划分为普通会员（349元/年或199元/3月）、超级会员（399元/年），并为会员提供如下权益：预约咨询（服务）、留言咨询（服务）、宠物课程（产品）、购物折扣（福利）、包年猫砂（产品）、限量抢购（产品）、“网红”新品尝鲜（产品）、邀请立返80元（福利）、电商返还（福利）等。

在异业联盟方面，京东借鉴了Costco的联盟抱团模式，推出了Plus会员（198元/年）。用户成为会员后除可以享受京东商品折扣，还可以免费获得知乎、爱奇艺提供的付费会员年卡服务。

异业联盟的核心在于精准把握用户需求，京东的用户大多数是年轻人，知乎和爱奇艺都恰好能满足年轻人的娱乐需求。

10.5.3 会员日

会员日是指会员专属的活动日，普通用户没有资格享受当天的各种活动的折扣。设置会员日的目的是让客户真正体会到身为会员的特殊待遇，固定的会员日可以培养用户定期参与的习惯。

而会员日设置的形式多种多样，“香气优选”在每月10日开展蜜粉节，专门针对会员进行促销；永旺超市将每周二定为会员日，当日会推出各种优惠活动和促销产品；“每日优鲜”则将每个月的第一个周末设置为超级会员日，并在会员日当天设置超级低价专区供会员参与秒杀活动。

10.5.4 产品体验官

我们还可以设置产品“体验官”这个岗位，邀请高级核心会员来担当“体验官”，进行新产品体验。设置“体验官”不仅能提升会员的体验，也能走近用户、了解用户需求。

体验官做得最成功的非乐纯莫属。靠着“千人体验官”模式，乐纯从一家背景三里屯的酸奶小店成为一个“网红”品牌。我们一起来看看乐纯是怎么做的!

在筹备期间，乐纯先在各大自媒体平台发布招聘“体验官”的消息，消息一经发出就吸引了近3 000个粉丝，这些粉丝成为乐纯的第一批产品体验官。然后，乐纯就开始每天做100盒酸奶，做完之后立即邀请一部分粉丝来试吃，然后马上根据粉丝反馈的数据改进第二天的100盒酸奶。

乐纯在研发榴莲口味酸奶时，邀请微博和知乎上榴莲类话题中最知名的榴莲爱好者组成了超级体验团。最后，在超级体验团的帮助下，乐纯确定了榴莲口味酸奶的配方。乐纯邀请的榴莲爱好者们本身就是美食领域的KOL，具有一定的影响力，所以乐纯这次开展的超级体验官的活动不仅让其成功研发出了新产品，而且顺势推广了自己的品牌。更重要的是，那些参与乐纯新产品测试的体验官们，都成了乐纯最忠实的粉丝。

设置产品体验官是增强用户黏度的一种有效方法，把它植入会员体系，可以成功激活核心客户。

10.5.5 积分兑换

会员的历史消费金额、互动频次、消费频率等都可以兑换成会员积分，而会员积分又可兑换成礼品或现金，让用户获得意外的惊喜。

例如，米马生活是一家经营生活家居、健康食品、服饰箱包等商品的电商平台，它把用户行为都转换成会员积分，如关注微信、购物、签到、转发新产品到朋友圈、参与日常活动等都可以获得积分，会员积分可以兑换米马生活推出的精美文创产品。

还有一些企业采取的是积分兑换现金的模式，这种模式适合价格敏感型用户，礼品则适合注重服务和体验的用户。积分兑换的最终目的是提升客户的留存率，并刺激复购，企业或商家在设置兑换规则和兑换礼品时要结合用户画像，挑选用户喜欢、感兴趣的礼品，只有这样用户才会有赚取积分的动力。

会员体系的搭建能够有效提升消费者与品牌之间的黏性，提升客户的留存率与复购率，在本节中我们梳理了几个品牌会员体系案例，并总结出了打造会员体系的五大模块，相信会员体系的建立能够让企业的私域流量运营更加顺畅。

10.6 乐通达营销云工具实操

乐通达营销云工具可以帮助企业移动管理企业营销，具体包含媒体内容分发、查看媒体分发数据与官网数据、线索获取等。

10.6.1 媒体内容分发

打开App，在首页导航中找到“营销物料”，在内容分发分类中找到想要分发的内容（见图10-13、图10-14）。

图10-13 App首页“营销物料”

图10-14 内容分发

对内容进行预览查看，可点击“微信预览”；确定排版样式准确无误后，点击下方“分发”按钮；选择分发渠道及发布时间，支持定时分发；选择完成后，点击“完成”按钮，即完成了媒体内容的分发（见图10-15、图10-16）。

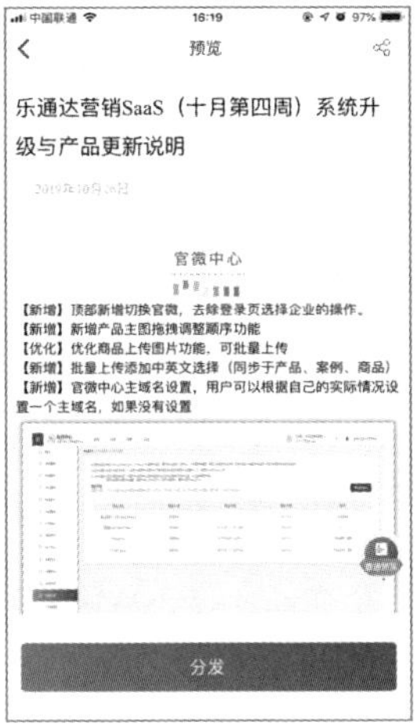

图10-15　微信预览

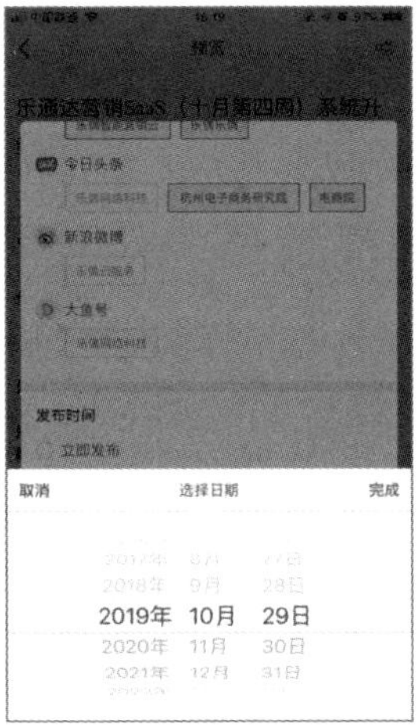

图10-16　定时分发

10.6.2　查看媒体分发数据与官网数据

在App首页导航栏点击“传播数据”，数据概况展示总数据，包含图文发布总数量、视频发布总数量、官微浏览次数、媒体号阅读/播放总数量等数据。还可点击官网、小程序或媒体账号，查看数据详情（见图10-17、图10-18、图10-19）。

图10-17　传播数据

图10-18　官网数据

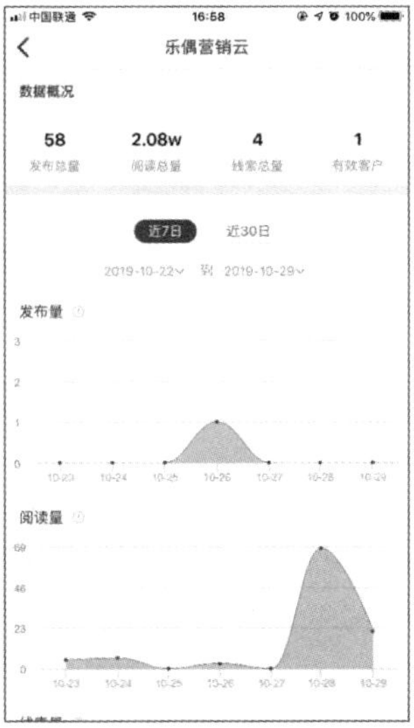

图10-19　媒体数据

在App首页快捷导航栏找到“媒体号”，点击任意媒体，可查看分发内容详细数据情况（见图10-20、图10-21）。

图10-20　媒体平台列表

图10-21　媒体数据详情

10.6.3　线索获取

1. 线索推送

系统会自动回收官网及媒体平台线索，并通过App通知企业管理员（见图10-22），不错过任何商机。

2. 查看线索

点击推送消息可进入乐通达App，查看线索详情（见图10-23）。线索基本信息包括线索名称、来源平台、来源媒体、状态、电话及导入时间。可对线索进行“标记为客户”和“添加跟进记录”操作。

3. 线索跟进

对获取到的线索，可直接拨打电话进行跟进（见图10-24）。

对已跟进的线索，根据实际跟进情况可添加跟进记录（见图10-25），对意向较高的线索可标记为客户。

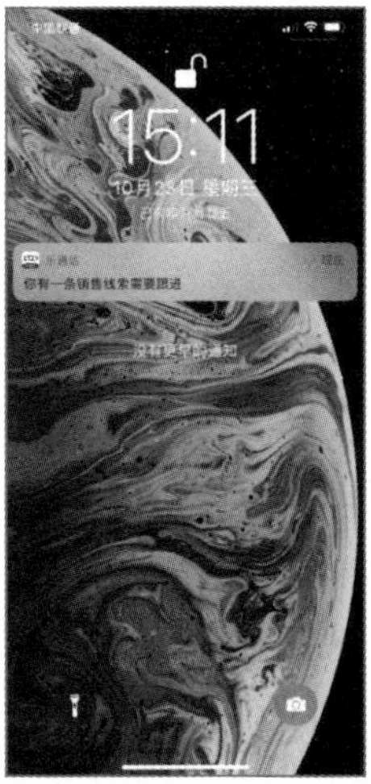

图10-22　线索推送

图10-23　查看线索

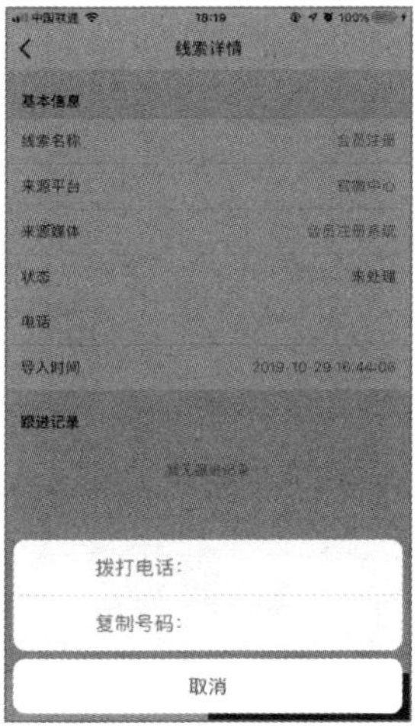

图10-24　电话跟进

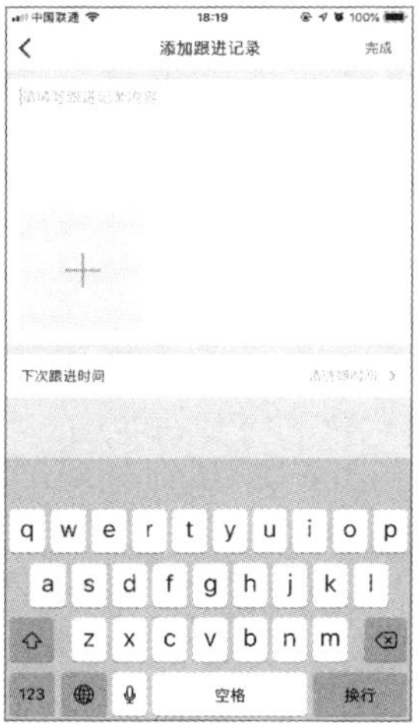

图10-25　添加跟进记录

营销云工具可以帮助企业迅速、深入地触达客户，并获得准确的客户数据和客户画像。除此以外，营销云工具还能帮助企业投客户所好，根据客户的特点和喜好分发相应的内容，与客户建立强关系链接。

第11章

新型社圈赋能私域流量

社群是拓展私域流量渠道的重要途径。社群不仅可以沉淀私域流量，提升转化率，还可以帮助企业链接各种优质资源，帮助企业在数字化时代实现“转升”。所以企业要根据品牌和产品的特性去打造社群，让社群为私域流量运营赋能。

11.1 社群是拓展私域流量渠道的重要途径

很多企业的私域流量运营都是从微信开始的，朋友圈、个人号和社群这三者可以说是私域流量运营最常见的三板斧。

但是，2019年开始，微信的商业化进程加快了，不仅全量开放了朋友圈第三条广告，还加大了对分销裂变等朋友圈营销行为和个人号外挂的打击力度，而且还上线了好物圈、降低了公众号流量主门槛。这些举措说明微信希望把营销主动权掌握在自己手中，把平台上的流量也抓在自己手中。

微信的这一系列举措有可能导致朋友圈的价值缩水。为什么这么说呢？因为微商朋友圈很容易被屏蔽，裂变海报刷屏也会被系统封禁；重复的文字朋友圈会被自动折叠，当链接的传播量超过一定范围时也会被系统自动屏蔽。微信官方对朋友圈营销做出的限制，让朋友圈的营销价值出现缩水，朋友圈一夜刷屏的现象以后可能会越来越少见。

未来朋友圈的价值会更多地体现在打造内容和IP上，而不是用于直接发布广告信息。基于这种变化，笔者认为社群将成为拓展私域流量渠道的核心途径。

11.1.1 社群的三大优势

社群之所以能够成为私域流量运营的“神器”，是因为它具有以下四大优势。

1. 提升沟通效率

在微信生态中，社群是最具营销价值的，因为社群的半开放性可以提升触达和沟通的效率。当然，社群不仅存在于微信平台上，也可以在其他载体生存和发展，如QQ群、阿里旺旺群、YY群等。

2. 减轻社交压力

一对一沟通或点对点沟通很容易让用户产生社交压力，但是社群却能够很好地缓解这一点。通过社群，企业能够使用更隐性的方式输出品牌价值，最终实现转化。

3. 增加用户互动量

社群的半开放式的对话能够让其他成员自由参与，触发更多话题的出现，增加用户与品牌、用户与运营团队、用户与用户的互动频率。

4. 制造转化压力

社群还可制造一定的转化，并促进转化率的提升。因为每个人都很容易产生从众心理和跟风行为，如果运营技巧到位，顾客的转化率就会持续上升。

11.1.2 社群将成为拓展私域流量渠道的核心途径

1. 成本低

建立一个社群的成本很低，有些社群建群时可以说是“零成本”。因为，企业可以直接拉已有客户入群，然后制定出社群规则和互动的流程即可。当社群发展到一定规模，社群成员之间形成很强的黏性以后，社群还可以进行裂变。

比起需要投入大量人力物力的其他营销方式，社群是一种投入低产出高的营销方法。

2. 传播快

社群是由一群拥有共同目标、共同喜好、共同需求和共同价值观的人组成的，在这样一群人中，信息的传播速度和效率会大大加快。

3. 转化率高

一般来说，社群的转化率要高于其他营销模式，因为社群成员之间已经建立了信任关系，再加上社群成员基本上都是产品或品牌的目标用户，销售转化率自然会很高。

4. 复购率高

一旦社群运营者和社群成员之间建立了信任关系，而且产品或服务是优质的，那么社群成员的二次回购率会非常高。有些高频产品甚至不需要开发新客户，依靠老客户就能保证盈利。

5. 具备价值延伸

当我们深度挖掘社群后就会发现，社群的价值是可以延伸的。因为群成员的需求会不断变化，而企业则可以根据这些变化来调整运营目标，或者拓展新的服务和产品。例如，某母婴社群可以逐渐开发出兼职、代购、育儿等方面的产品和服务。

社群的优势有很多，私域流量运营的突破口之一就是社群，它是拓宽私域流量渠道的重要途径。

11.2 社群营销的“三板斧”

社群作为移动互联网时代的一股新势力，在短时间内迅速发展壮大，形成了令人瞩目的社群经济商业模式，并成为企业营销的利器，“无社群，不营销”已经成为当今企业营销的新法则。

今天，品牌的价值已经无法直接用利润来衡量，它与客户群体、文化和价值观结合，成为一个密不可分的整体。没有建立社群的品牌很难与今天的消费者群体形成共鸣。如果品牌缺乏消费者的认可，即使有非常优秀的产品，也很难在市场上有所作为。

因此，企业要根据自身的发展需要和特点，来塑造一个适合的粉丝群体或用户群体，让企业能够乘上社群经济的“东风”，在市场上占得一席之地。企业在塑造社群时，要从定位、吸粉和运营三个方面来考虑。

11.2.1 定位：社群定位的三个关键点

我们都知道品牌需要定位，因为企业要让客户从无数同类产品中一眼看到自己的产品。同样是牙膏，品牌可以定位在牙齿美白、防龋齿、防过敏等功能上，当定位深入人心，品牌的形象也会深深印入客户的脑海中，在众多的同类竞品中脱颖而出。

同理，社群也需要定位，如罗辑思维社群的定位是“知识型社群”、正和岛社群的定位是 “高端商务社交群”。我们在对社群进行定位时，要抓住下面的三个关键点。

1. 解决痛点

我们要解决客户某个方面的痛点。例如，农一网解决了农资商家们想做电商但又对电商知识不够精通的痛点，吃货团满足了人们想尝试特色美食但找不到地方也不会做的痛点。

2. 体现价值

我们在做社群定位时要体现出社群对客户的价值，应避免直接用产品来定位社群，我们可以把产品类社群包装成兴趣社群或情感社群。

3. 以产品为基础

虽然，社群在定位时要避免直接与产品发生联系，但是要把产品作为基础，因为企业建立社群的目的就是销售产品、宣传产品，因此企业要在产品定位基础上来定位社群。在第3小节中会详细阐述给社群做定位的方法，这里就不再展开了。

11.2.2 吸粉：社群引流吸粉的五种方法

社群的定位完成以后还要获取粉丝，也就是吸粉。一般来说，吸粉的方法主要有以下五种。

1. 口碑传播

口碑传播的关键是寻找种子客户，并通过优质的产品和服务来获取客户的认可。小米的成功就离不开口碑传播，从米聊社区开始，小米就聚集了一批忠实的种子客户，并通过这批种子客户塑造和传播了产品的好口碑。

2. 线下导流

有实体门店的企业可以用线下导流的方式来吸粉，如通过扫二维码或线上领优惠券等形式把线下客户聚集到线上社群中。线下导流可以直接从目标用户所在的学校、商圈、小区等场所入手，和线上推广相比，线下推广可以让客户直接体验产品。如果客户认可了产品，对社群也会更加认可。

如今线上和线下的获客成本都比较高，所以线下推广的成本并不会比线上推广的成本高。而且对有的企业来说，线下推广的效率更高。拥有大量线下门店的良品铺子就发挥自己“门店多、客流量大”的优势，用优惠、会员等方式进行线下导流，形成了一个大规模的社群。

3. 平台引流

企业也可以通过社交媒体或行业平台来聚粉。企业可以在各个平台发起活动，通过活动精准获取目标客户。例如，有的商家会在微信、微博等社交媒体平台发起活动或发放优惠券，以吸引目标客户关注企业账号并加入社群。

4. 红包吸粉

除了微信群，很多平台的群都有发红包的功能。例如，QQ群、微博群和支付宝群都可以发红包，而YY社群中不仅可以发红包，还可以抽奖。发红包不仅可以吸引目标客户进群抢红包，还能增进群成员之间的感情，营造轻松愉快的社群氛围。

5. 塑造自媒体生态

微信公众号、百家号、企鹅号等自媒体都可以成为企业吸粉的工具，不过让粉丝关注企业的自媒体账号只是第一步，我们还要进一步将这些潜在的目标客户导流到社群中，因为只有构建了社群才能和他们建立强链接。对于企业来说，自媒体账号可以用来吸粉，而社群则可以留粉、养粉。

把目标客户吸引到社群中以后，还要想办法把他们留住，所以运营是社群营销的第三个关键点，粉丝能不能被留住和转化，还要看运营。

11.2.3 运营：社群运营的五个要点

企业在运营社群时，不仅要不断吸纳新成员，把社群做大，还要让社群具备强大的传播力，让群里的粉丝自发地为企业推广品牌和产品。为了让社群发挥最佳的营销效果，企业在运营社群时要注意以下几点。

1. 创造情感体验

我们要为客户创造情感体验，让他们获得参与感、归属感和满足感。例如，让他们参与到产品的优化和迭代中去，培养对产品的感情。很多游戏公司都会在社群中开展内测、BUG反馈等活动，这样做不仅可以改善产品，还可以提升客户的黏度。

我们还要加强社群的价值观和文化建设，让客户产生满足感和归属感，小米就用自己独特的文化和价值观征服了广大的“米粉”。一旦当我们创造的情感体验打动了客户，他们就会自发地帮我们传播品牌。

2. 为客户谋取利益

罗辑思维社群曾经为会员免费发放过乐视电视和黄太吉煎饼等产品，这种做法不仅让会员获得了实际的利益，还能增强整个社群的凝聚力。我们在运营社群的时候，一定要为客户谋取福利，不能一味地向客户索取，只有双方互惠互利才能建立牢固而长久的关系。

3. 平衡社群中的规则与自由

规则与自由，是一对不可调和的矛盾体。在社群运营中，规则限制了社群成员的行为，有可能降低社群的活跃度，可是不加限制的自由又会导致各种问题，如大量广告或违规内容涌入社群，这对社群的发展是相当不利的。

因此，我们要尽量找到规则与自由之间的平衡点，在社群中构建一个平衡体系，制定整个社群的基本原则，在基本原则之下给予社群管理者一定的自主管理权，并在管理层中设立层层监督的机制。例如，正和岛社群就在核心大社群的基础上发展了多个小社群，这些小社群都必须遵守大社群规定的基本原则，但是在日常运营上，小社群是相对比较自由的。当然，小社群的管理者们要受到大社群的监督。

4. 实施分类管理

我们要根据社群成员的进群时间、活跃度、购买力等指标对他们进行分类管理，让社群内营销活动更加精细化。因为社群空有庞大的人数是不够的，必须要通过合理的分类管理来提升转化率，创造更多商业价值。

5. 线上线下要兼顾

社群不能仅仅依靠线上运营，还要兼顾线下运营，因为线下的面对面沟通可以极大地增进社群成员之间的感情，增强他们与社群之间的黏性。线下聚会是一些社群经常采用的线下运营方法，如罗辑思维“闪聚”和吴晓波线下读书会，以及正和岛论坛大会等。

社群的运营是一项长期工作，运营人员要不断优化自己的管理方法和管理效率，还要不断更新自己的运营方法，为社群的发展提供强大的推动力。

11.3　构建私域流量社群的五大策略

现如今几乎每个行业都建立了自己的社群，这也成为一种私域流量运营的大趋势。可是，有些社群建立后由于缺乏管理和运营，过不了多久热度就渐渐冷却，有的甚至沦为广告群，不仅无法沉淀私域流量，反而会破坏企业的口碑。那么，社群应该如何创建并运营呢？主要包括以下五个方面的内容。

11.3.1　精准定位社群成员

一个群体因为同一个目标暂时抛弃个体的想法聚集在一起，就组成了社群。如果想要达到这个目标，首先社群成员对这个目标的认知必须是明确清晰的，那么我们就应该对这个社群进行一个精准的定位，让成员可以通过社群的目标来获得某种东西，如精神上的慰藉或物质利益等。只有让社群成员与这个社群建立紧密的联系，社群才能生存下去。

在定位之前，我们还应该做好相关准备。

首先，我们应该找到社群的目标成员，对于这部分人的定位必须精准。如果他们没有达到标准，即使组建成一个社群，也不能发挥出应有的作用。

其次，我们要充分了解用户的需求是什么。例如，教育培训机构组建的考试群把考生聚集在一起，那么对于考生的需求就应该了如指掌，如他们在学习过程中需要什么资料，有没有好的学习方法，具体的练习题应该如何分析等。

最后，要对自身的管理运营进行定位。对于自己是否有精力做好管理运营，能否带领成员实现社群目标，对于社群成员的许诺能否兑现等，要有一个清晰的认知。

做好相关准备工作后，通常我们就会采用垂直定位的方式来确定社群的性质，这种定位的要点在于：在精而不在多。基于某一垂直领域的社群，能够让社群成员在后期产生更多的归属感。

11.3.2 搭建社群框架

确定了目标成员后，我们就应该构建社群的组织框架，主要包括群主、管理员、运营主管、内容运营、群成员等。

1. 群主

群主的职责包括：制定社群规则，根据社群规则来维护社群的基本秩序，包括踢出散布与社群无关的内容的群成员和长期不活跃的群成员。做好社群维护，组织每周或每月的线上和线下活动。

2. 管理员

管理员的职责包括：

（1）管理员主要由社交电商区域合伙人担任，比较常见的就是实体店的老板、创业者，他们负责整合当地资源，与相关行业的实体店合作，举行线下产品体验会，之后根据后台绩效考核数据为代理区域的合伙人注入新鲜血液。

（2）协助群主组织群内活动和线下活动。

3. 运营主管

如果社群涉及销售活动或电商业务，就要设运营主管一职，运营主管可以由社交电商后台平台技术人员担任。职责包括：

（1）构思每天的社群传播内容，按时分享到社群供成员阅读。

（2）通过智能商务系统整理和计算数据，把结果分享给各个合作伙伴以便制订生产计划，根据利润贡献值把每周结算的利润分配给各个利益相关人。

（3）在线客服和服务，协助团长、团员工作。

4. 内容运营

内容运营的主要职责是直播，制作图文和小视频，并且分享到社群和各个自媒体平台。

5. 群成员

群成员是社群中最重要的人员，主要负责分享群内有价值的信息、传播社群的价值、宣传社群的品牌和产品。普通社群成员不仅是社群管理层服务的对象，也是社群拉新、吸粉的重要力量。

社群是新经济的最基本的组织形式，因此像公司一样也需要运营，需要组织架构。

11.3.3 完善社群制度

构建好社群的框架结构后我们就要着手完善社群的制度了。首先我们需要制定一个完善的群制度。好的社群制度，是保证社群良性活跃的关键。一般来说，完善的社群制度包括以下三个方面。

1. 制定群内日常交流规则

完善的日常交流规则，可以帮助提高社群管理效率，降低管理难度，还能避免争执和纠纷，因此制定一套完整的社群日常交流规则是十分有必要的。下面列举了六条比较常用的规则供大家参考。

（1）在成员刚入群时全体禁言，到周五时开放发言，这样可以有效避免平时的无意义聊天，营造良好的学习氛围。

（2）在平时交流遇到问题时，可以自己先尝试思考和解决问题，如果不能解决，再向其他成员求助，群成员并没有义务帮你解决问题。

（3）未经群管许可禁止发布任何广告。

（4）学会聆听他人的意见，其他成员没有表达完自己的观点时，不要插话刷屏，或者故意打断其发言。

（5）倡导大家踊跃发言，但质疑别人的意见时必须要有自己的理由，不得进行人身攻击或恶意捣乱。

（6）每次发言不得少于10个字。

如果群成员能够坚守这些规则，社群的发言质量会大大提高。

2. 制定入群规则

入群的方式包含以下五种，我们可以根据自己的需求来灵活选择。

（1）邀请入群。邀请制的入群规则，指的是只有群主邀请了才能进群。这样的入群方式可以有效保证成员的质量，比较适合小型的优质社群。

（2）任务入群。这种入群方式指的是需要完成一定的任务才能入群，比较常见的方式就是朋友圈集赞然后截图。任务越复杂，越能保证群成员的质量。因为复杂的任务往往能证明一个人想要入群的决心。

（3）付费入群。常见的就是买资料进群、买会员进群等。与任务进群类似，付费的金额越高，群的质量越高。因为群成员愿意为了这个群付出高额费用，说明他真的看重这个群，所以群的费用与群的质量是成正比的。最常见的就是付费培训群、考试群等。

（4）申请入群。申请入群指的是需要填写申请，经由群审核人员审核才能进群的方式。

（5）推荐入群。这指的是由群成员推荐才能入群的方式。不过，每一个群成员的推荐应有次数限制，这样才能保证群的质量。

3. 引导社群成员了解规则

制定好规则并不能解决问题，重要的是每个群成员都能注意到这些规则，从而减少一些不必要的矛盾和问题，因此，采用合适的方式方法引导群成员了解群规则是社群运营必不可少的一步。

比较常见的方式包括进群之前要求仔细阅读群说明、进群后的群通知、群公告等。个别有问题的成员，可以单独沟通来确保群秩序，还可以通过平时的推送来让他们进一步了解社群的主要作用。

事实上，引导成员了解群规则的方式还有很多，如红包雨、修改群名、入群前的必读手册等。这样做的最终目的是让成员了解这些规则，这样就能在运营时减少很多不必要的麻烦，节省精力。刚入群和活动开始前是群成员注意力最集中的时候，此时就是通知重要消息的最佳时机，同时也可以增加一些其他活动的信息。

11.3.4　塑造社群价值

失败的社群营销给我们的启示是：社群营销必须在塑造价值、输出价值、服务品质上下大功夫，尤其是价值输出，这是社群营销的核心环节。

社群的价值包含信息和能量两个层面。

在信息层面，运营主管可以针对群成员的需求，在群里发布一些包括但不限于本行业的课程或资源，做适当外延，但是发布的东西一定要有价值。与此同时，也不能忽略一些群成员的宣传需求，可以在发广告的格式、数量、具体时间上做出限制，这样既满足了成员的宣传需求，又不会打扰其他的群成员。

能量层面的价值塑造主要是通过引领正确的价值观、传递正能量让群成员得到情感上的共鸣，激励出他们积极乐观的生活态度，从而提升成员的能量层面的价值。例如放生、捐款等活动，在让群成员共同参与活动的同时，也能获得心理上的满足。

社群价值的输出方式并不是单一的，包括但不限于社群微课、社群训练营、社群活动、统一的社群形象等。

11.3.5　让社群规模化

社群发展初期，小社群里每个成员的存在感会明显增强。

而到了社群发展的中后期，因为情感归宿和价值认同是社群的核心，那么规模越大的社群，越容易出现情感分裂，所以，我们在社群规模化复制的时候应该考虑到两个问题：

第一，是否真的有必要通过复制而扩大社群规模?

第二，是否真的有能力维护大规模的社群?

是否让社群规模化，需要从社群的垂直领域、社群的发展阶段以及社群运营成本等方面来综合考虑。

以上就是构建社群的五大步骤，这五大步骤都非常关键，无论哪一方面存在缺失，都会造成社群先天不足，后期的运营和变现也会遭遇阻碍。

11.4 “转升会”赋能传统企业转型升级

数字经济的发展给企业的竞争战略、组织结构和文化管理实践带来了巨大的冲击。随着先进的网络技术被应用于实践，我们原来的关于时间和空间的观念受到了真正的挑战。企业组织正在努力想办法整合与顾客、供应商、合作伙伴在数据、信息系统、工作流程和工作实务等方面的业务，而他们又都有各自不同的标准、协议、传统、需要、激励和工作流程。数字经济下企业需要如何转型呢?

这似乎对于传统企业尤其困难，甚至有人提出“转型相当于找死，不转型相当于等死”的论断。可见传统企业转型之路举步维艰，但不转型也会面临市场的优胜劣汰，这也是造成企业“数字化焦虑”的原因。所谓数字化转型，对大多数企业家而言，数字化营销转型才是应对数字化的关键。

当下，互联网流量与入口竞争已经结束。不仅用户红利消失，入口还被各大巨头把持，流量“爆贵”。有人戏言：互联网已经从“原始社会”进入了“奴隶社会”。电商流量急剧向头部品牌聚集，留给中小电商企业的生意已经不多。当旧生意结束的时候，必然会有新生意诞生，新生意在哪里，又如何“转升”呢?

11.4.1　新型伙伴、社群关系助力企业“转升”

网络重构时代，数字重构商业，未来已经不再是过去的样子。传统意义上的企业进行数字化转型需要“破三立五”。在人人谈数字经济的当下，技术的革新推动着各产业由单纯的产品经济进入服务经济，数字化转型更是成为大势所趋，转型升级已经被纳入多数企业的未来布局。

传统企业数字化转型的痛点就在于如何真正有效“破三立五”，这是需要服务商进行服务的。因为自己缺乏经验，能力也不足以建立专业化团队。企业家们需要高成效、专业化的服务，以及靠谱的企业服务商做他们坚实的数字化服务后盾。技巧耗尽的时代，社会化企业服务可以让企业家更加专注于主业产品的创新。正所谓“人人需要喝牛奶，不需要每个人都去养奶牛”。

时代机遇的关键无疑是“社会化服务、社会化资源共享、社会化协作”。

企业家们转型升级的风口，也恰恰是时代赋予企业服务商们的行业红利。所以我们需要一个新型伙伴关系和可信任的链接方式来应对企业家们对数字转型的服务与协作的需要。

新型伙伴或社群关系是社会发展和新经济下的必然产物。用马斯洛需求层次理论来说明社会发展中人的需求变化及社群所能提供的价值就是，基于新社群的新商业伙伴生态，是将社群和商业相结合，满足伙伴、社群成员间不同的价值需求。

这种新型伙伴、社群关系更容易形成群蜂效应，促进企业家之间一起互动、交流、协作和相互影响。同时也会产生彼此之间的企业服务、供给需求，然后对企业家、企业服务商行业本身产生反哺，并共同作用形成自运转、自循环。也正是基于此，我们有必要构建一个新数字经济生态背景下，涵盖企业家、服务商、行业专家，链接传统网络社群、团体、协会又中立的新型服务平台。

11.4.2 “转升会”建立数字经济生态协作服务社群团队

在数字经济大潮下，传统企业面对营销难题，需要进行数字化转型升级。“转升会”在这样的背景下由多位知名社群领袖、企业家、企业服务商，依托杭州电子商务研究院发起、创立。“转升会”新型社群专注于整合企业服务商、专家、“网红”大咖资源为企业家提供数字化转型升级支持，实现企业的可持续发展，迎接智能化生意时代。

“转升会”不再是一个传统意义上的社群或协会，它是一个链接社群的新型社圈。它是一个依托正规中立公益研究机构（杭州电子商务研究院，可扫描图11-1进行了解）的官方社群，也是一个以行业服务、公益服务为目的的收费社群，所有经费取之于社群，也将用之于社群，服务于社群。

图11–1 杭州电子商务研究院极速官微

“转升会”将致力于链接优质企业家资源、企业服务商与专家资源，潜心研究、赋能新项目、新技术、新工具，融合新思路、新模式，帮助社群成员实现资源对接、共享，以及企业、企业家们实现可持续发展、掘金未来市场，帮助企业实现数字化转型升级。

“转升会”将由三个直属社群和外部专业领域的联盟协作社群组成一个资源协作的社圈，它们分别是：

“转升会”企业家社群，即第一社群，它面向有数字化转型升级需求的企业家群体。

“转升会”企业服务商社群，即第二社群，它面向能够对第一社群的企业家群体提供专业化服务的企业服务商 CEO 或创始人。

“转升会”专家顾问团，即第三社群，它面向能够对第一、第二社群的企业家提供专家顾问服务或战略咨询指导的业内专家、“网红”、社群领袖等业内知名人士。

“转升会”以社群协作的方式链接优质资源，为传统企业的数字转型赋能，为企业的私域流量运营提供动力。

了解更多私域流量运营服务方案可扫描图11-2中的二维码。

图11-2　乐通达智能营销云公众号

参考文献

[1] 诺蒂·科恩．参与游戏：顶级品牌如何运用互动营销引爆裂变传播[M]．周舒颖，译．浙江：浙江大学出版社，2019.

[2] 文艺IT虎．流量革命：IP社群电商构建与变现[M]．北京：机械工业出版社，2019.

[3] 柯桦龙，崔灿．让品牌说话：品牌营销高效准则[M]．北京：机械工业出版社，2018.

[4] 秋叶，邻三月，秦阳．社群营销实战手册：从社群运营到社群经济[M]．北京：人民邮电出版社，2018.

[5] 阿黛尔·里弗拉．用户画像：大数据时代的买家思维营销[M]．北京：机械工业出版社，2018.